JN021663

改訂版

データ分析できない社員はいらない

平井明夫

クロスメディア・パブリッシング

はじめに

仕事をしていると必ず目にする売上、在庫、顧客リスト、会計などのさまざまなデータ。種類に違いはあれど、ほぼ毎日のようにこれらのデータを扱い、仕事をしているという人も多いでしょう。

私たちはなぜ、これほど多くのデータを仕事で使っているのでしょうか。

30年前からデータ分析の重要性が高まってきた

筆者は、IT業界のコンサルタントとして長年にわたり、「ビジネス・インテリジェンス」と呼ばれるデータ分析システムの導入に携わってきました。

なにやら聞きなれない言葉と思った人もいると思いますが、この言葉は1989年に当時米国の市場アナリストだったハワード・ドレスナー氏が提唱したもので、簡単に言うと、「専門家に頼ることなく、社内の誰もが会社内に蓄積されたデータを使用し、さまざまな分析を行い、経営に生かすことができるようにする仕組みづくり」です。

30年前の当時から、これからはデータ分析が会社にとって重要になり、それを行う社員の生産性の向上が会社の成長を大きく左右するようになる、という見通しがあったのです。

以来、会社ではデータ分析を支援するシステムの導入が年々進んできました。

とはいっても、システムを導入したすべての会社がどんどん成長しているかといえば、そんなことはありません。

データ分析がうまく生かされていない理由

では、うまくいっている会社とうまくいっていない会社の差はどうして生まれるのでしょうか？

その理由には、２つの側面があります。

１つには、システムを活用すべき社員がデータ分析に対してモチベーションを感じられず、スキルを磨こうとしなかったという問題があります。

「自分の仕事とは関係ないし、やっても評価されないから」と思う人がいたり、「どうせ勉強するなら、英会話とか、資格試験とか、結果がはっきり見えるものを選びたい」と考えたり、データ分析に熱意を注ぐ人が少なかったことが挙げられます。

しかし、もう一度「会社」というものをよく考えてみてください。

会社というのは、どんな形であれ社会に貢献し、その見返りとしてお金を得ています。そして、継続して社会に貢献していくために会社は存続していかなければなりません。そのためには利益を出し続ける必要があります。

であれば、会社に属する私たち社員の仕事の本質は、会社に利益をもたらすことです。

つまり、業績向上のためのデータ分析スキルに磨きをかけることは、経営環境の厳しい昨今、個人として生き残るために必須であると言ってもいいのです。

ところが、データ分析をきちんと学んだ人は少なく、データを毎日のように使い仕事をしているという人でも、残念なことにデータの表面的な部分しか見えていないということは多くあります。

この本では、業績を上げるための数字の見方を養うことができます。データは視点を変えて見ると、導きだされる結果が変わります。ぜひ、見るべきポイントを学び取っていただけたらと思います。

そして、データ分析がうまく生かされない２つ目の側面には、データ分析の重要性を感じながらも、結果ばかりを求め、仕組みづくりや社員の労力に目を向けない経営者側の問題があります。

昨今の低成長時代の下では、データ分析のニーズは高まる傾向にあります。特に、経営者は「予算管理」「業績管理」「見える化」「KPI（Key Performance Indicator）」といったキーワードに対して強い興味を持っています。

しかし、自らが発する「あらゆる数字を見えるようにしよう」という漠然とした号令によって、分析を実際に任される担当者との間に深い溝ができてしまい、業績向上にはつながらないのです。

このような漠然とした指示の仕方では、分析結果をどう見せるのかというアウトプットのイメージができないばかりか、そもそも何が目的でデータ分析するのかさえもわかりません。

経営者はデータ分析の過程に対してもっと理解を深め、社員のデータ分析業務にしっかりとした目的・目標を与えることが必要です。そうした上で、目的・目標に見合ったデータ分析業務をする社員により高い評価を与えるべきなのです。

実際には、このような仕組みができている会社は多くありません。だからこそ、社員として経営者に対して積極的に情報を出していくべきではないでしょうか。

先行き不透明な時代を盲目のまま突き進むというのは、コンパスを持たずに大海原に船出するようなものです。経営者は会社の今後を決める大事な意思決定の際には、必ず指標となるものを必要としています。

その指標となるものを導き出すのがデータ分析です。

これからは経営者として会社の生き残りを考えたとき、あるいは、社員として会社の中での生き残りを考えたとき、もはやデータ分析を敬遠していては、可能性を自ら狭めていることに気づく必要があります。

本書は、積極的にデータ分析に取り組む姿勢に目覚めた人に向けて執筆しました。今までに多数出版されてきた「データ分析方法の解説本」と比べて以下の特長があります。

データ分析の目的をはっきりさせていること

本書では、さまざまなデータ分析手法を解説していますが、あくまでも企業の業績を向上させるという目的のためにデータ分析を行うという観点で書かれています。

そのため、「売上を増やすためのデータ分析」「コストを減らすためのデータ分析」「在庫を最適化するためのデータ」「利益を管理するためのデータ分析」という4つの章で整理して、解説しています。また、分析手法としては1つであっても、目的が異なる場合、それぞれの目的に応じた使用方法をそれぞれの章で個別に解説しています。

すぐに会社の中で活かせる、実戦的であること

個々のデータ分析手法を解説するだけでなく、各章で「ケーススタディ」として、複数のデータ分析手法を組み合わせて行う、実践的なデータ分析業務の解説をふんだんに取り入れています。

また、第5章では「営業部門」「マーケティング部門」「調達・在庫部門」という、データ分析にかかわりの深い部門の担当者を想定したデータ分析シナリオと、その結果のレポートの作成方法について解説しています。

コロナ禍以来、社会的にも経済的にも明るいニュースが少なく、後ろ向きになりがちな状況ですが、本書がデータ分析に携る経営

者、社員の方々のモチベーション向上に一役買い、ひいては、日本の社会と経済が元気を取り戻す一助になることを願ってやみません。

2023年1月
平井　明夫

目次

第2章 コストを減らすためのデータ分析

第3章 在庫を最適化するためのデータ分析

第4章 利益を管理するためのデータ分析

第5章 部門ごとに変わるデータ分析のやり方

序章
データ分析の目的って？

01 分析結果から正しい戦略を導く

データ分析は、会社として、部門として、チームとして、次に起こすべきアクションを決めるときに、指標となるものを求めるために行うのが一般的です。

日々の業務の中でさまざまなデータ分析業務、例えば、「来週の会議の資料とするため」といったような個別の目的を持ったデータ分析業務も、会議で何かを決定するための指標となるものを求めるデータ分析ということになります。

この会議が役員会議なのか部門会議なのかによって、会議の決定事項に従ってアクションを起こす人の数は変わってきますが、このアクション次第で会社の業績が上がったり、下がったりすることはいうまでもありません。

会社、部署、チーム、ひいては個人といったところまでのアクションがデータ分析の結果によって決まり、それが業績に反映されるのです。

であれば、データ分析の精度を上げることが重要なのは明白です。

データ分析の精度が悪いために、間違った決定をしてしまう可能性が高くなることは、この厳しい時代を勝ち抜くにはとても不利になります。

失敗から学び、いずれ正しい選択ができるにしても、会社としてはできればまわり道をせず、ヒト、モノ、カネという経営資源の浪費は避けたいものです。

では、どうすれば会社に蓄積された経営資源としてのさまざまなデータ上の数字を、業績を伸ばすことにつなげられるのでしょうか？

データ分析で気をつけるべきこと

データ分析で大切なのは次の2点です。

ひとつは、データを見る際は表面的な見方や偏った方法で数字を見るのではなく、バランスとつながりを考えてさまざまな角度からデータを見ることによって、多くの指標を用意することです。指標が多ければ、それだけいろいろな選択肢が生まれる可能性があります。

そしてふたつめは、データ分析によって得られた指標から次のアクションを決める際は、"得られた数値を見て即決断"ではなく、数値を目安とし、数値が示す背景と現実を熟考したうえで決定する、というステップを踏むことです。

この2点を意識することで、正しいアクション、つまり業績を上げるための戦略を導けるかどうかが決まります。

02 業績を伸ばすための4つの視点

業績アップにつながるデータ分析には、4つの視点があります。それぞれご紹介しましょう。

売上とコストという2つの視点からデータ分析

企業活動の目的は特殊なケースを除いて、利益をあげることが第一とされています。この利益とは、一般に売上からコストを引いたものを指します。企業が存続して成長していくためには、この利益が出ていることが大前提です。

利益＝売上-コスト

そして、利益を増やすためには、どのように売上を伸ばすのか、どのようにコストを下げるのかという2つの方向で改善策を模索することになります。

利益（↑）＝売上（↑）-コスト（↓）

なので、会社は「売上を増やすためのデータ分析」と「コストを減らすためのデータ分析」をやるべきだということになります。

例えば、営業部門において、どの商品の成長率が高いかを分析し、成長率の高い商品を重点的に販売促進していくといったような場合は、「売上を増やすためのデータ分析」となります。

また、経理部門において、総経費に占める割合が高い経費科目を分析し、重点的に予算削減の施策を考えていくといったような場合は、「コストを減らすためのデータ分析」となります。

本書では、さまざまなデータ分析手法を目的別に整理して説明していきます。「売上を増やすためのデータ分析」は第1章で、「コストを減らすためのデータ分析」は第2章で説明しています。

「在庫」という視点からデータ分析

さて、データ分析の目的には、売上を増やすため、コストを減らすためというわかりやすいもの以外にも「在庫を最適化する」といったより複雑な目的もあります。

そもそも在庫とは何でしょうか。

一言でいうと、「需給のバランスをとるための緩衝材」ということになります。

ある"物"を欲しいという人がいます。これが需要。一方、"物"を生産して欲しい人に手渡す。これが供給です。

例えば、ある商品が手元に届くまでに1ヶ月かかるとした場合、この商品が何であるかによって1ヶ月という期間が妥当である場合と、そうでない場合が出てきます。

仮に、商品が注文住宅だったとしたら、この期間は短いと感じる場合が多いかもしれません。また、お客の希望どおりのオプションを装備した自家用車だったとしたら、「こんなものか」と思うかもしれません。

しかし、この商品が"今すぐ飲むためのドリンク"だったとしたら、この期間は到底あり得ないものとなり、商売が成り立ちません。

このように、需要がありながら供給者側が準備を行なえず商売の機会を逸することを「機会損失」と言います。この機会損失を防ぐために在庫というものが存在するのです。

ニーズの発生前に"物"が存在することで、入手までの時間が限りなく短くなり、商売も成立するというわけです。また、需要そのものを創造しているともいえます。

今述べた例は「消費者 → 小売店」の例ですが、次のような関係者間でも同じ需給関係が成り立ち、それぞれに在庫が存在することで円滑な供給が可能になります。

- 小売店 → 卸売業者
- 卸売業者 → 製品メーカー
- 製品メーカー → 材料・部品メーカー
- (メーカー内の) 後工程 → 前工程

十分な在庫を確保し、機会損失を防ぐこと(在庫の不足を防ぐこと)が在庫という視点からデータ分析を行なう大きな目的ですが、在庫は多ければ多いほどいいというものでもありません。「在庫を過剰に持たない」ようにするためにデータ分析をすることも大切になります。

なぜ私たちは、在庫管理が必要なのか。在庫を持つことには、お金にまつわる2つのリスクが伴うからです。

ひとつは、コストに関わるリスクです。在庫を保有するには、保管費用(倉庫費用や作業費用など)が必要です。また、商品の破損、劣化、陳腐化によって価値が下がったり、ときには廃棄しなければならないおそれもあります。

そしてもうひとつのリスクは、資金繰りに関することです。商品を保有するには、資金を使って製造、または仕入れをします。ということは、投じた資金は在庫が売上に変わるまで眠っていることになります。在庫が積み上がれば積み上がるほど資金の巡りが悪くなり、ほかの有望な案件や商品への投資ができずに売上の低迷にもつながりかねません。万が一資金が不足し、支払いが滞るような事態に陥れば、倒産もあり得るのです。

したがって、必要以上に在庫を持たないことは、コストの低減と資金繰りの向上の2点に貢献するのです。

在庫に関するデータ分析では、「多すぎず少なすぎず、在庫量の落とし所を探る」というオペレーションが重要になります。

「在庫を最適化するためのデータ分析」に属するさまざまな分析手法については第3章で説明しています。

「利益」という視点からデータ分析

最後は、「利益を管理するためのデータ分析」です。

利益管理とは、どのくらいの利益を出す必要があるのかを設定し（計画）、実際にどのくらい利益が出ているかを評価し、目標とした利益を出すために必要な方策の立案と実施（統制）を行なう一連のプロセスです（次ページ図1-1）。

1-1 利益管理の一連のプロセス

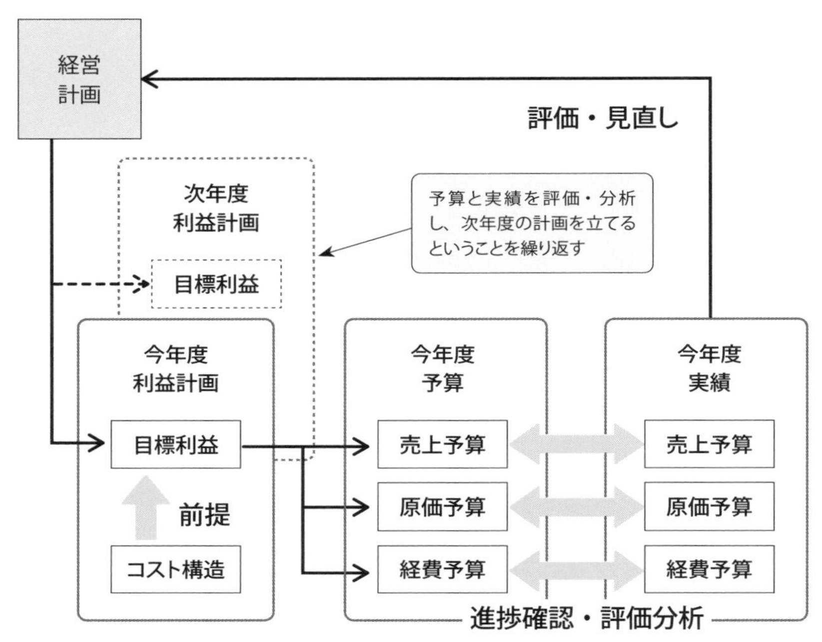

この利益管理が正しく行われないと、売上を増やすためのデータ分析の結果、売上は増えたがそれ以上に広告宣伝費が増えて利益が減った。あるいは逆に、コストを減らすためのデータ分析の結果、広告宣伝費は減ったがそれ以上に売上が減って利益も減ったという結果を招きかねません。

つまり、すでに挙げた「売上を増やす」、「コストを減らす」、「在庫を最適化する」という3つが部分最適のためのデータ分析とするならば、この「利益を管理する」は全体最適のためのデータ分析といえます。

「利益を管理するためのデータ分析」に属するさまざまな分析手法については第4章で説明しています。

第1章
売上を増やすための データ分析

01 以前の売上と比べる
売上対前期比分析

見るべきポイント

以前の売上データを基準として最近の売上データを見ることで、現在の状況がいいのか悪いのかを判断することができます。

最近の売上の傾向を見るもっとも一般的な方法が、以前の同じ時期の売上と比べる方法です。売上を時系列に並べただけでは一定の傾向は掴めても、いいか悪いかの判断ができません。何か基準となる数値と比べて初めて判断が可能になります。

この判断の基準となる数値が、過去の実績データです。今年と前年との比率を成長率として計算し、勢いをはかる基準として活用します。

例えば、昨年の1～6月の売上と、今年の同じ時期の売上を棒グラフで比較すると、昨年に比べて売上が増えているのか減っているのかがよくわかります。

これに昨年の売上と今年の売上の比率（対前年同期比）を線グラフで重ねると、よりはっきり傾向が掴め、残り6ヶ月の売上もある程度予想できます。例えば、図1-1では、1～6月にかけて少しずつ対前年同月比が上昇しています。

この調子で行けば1年間を通じて、2～3割の売上増加が見込めそうです。この売上増加の要因（特定の製品、特定の顧客など）がわかれば、より一層の売上増加が見込める施策を立てられるかもしれません。

1-1 対前年同月との比較①

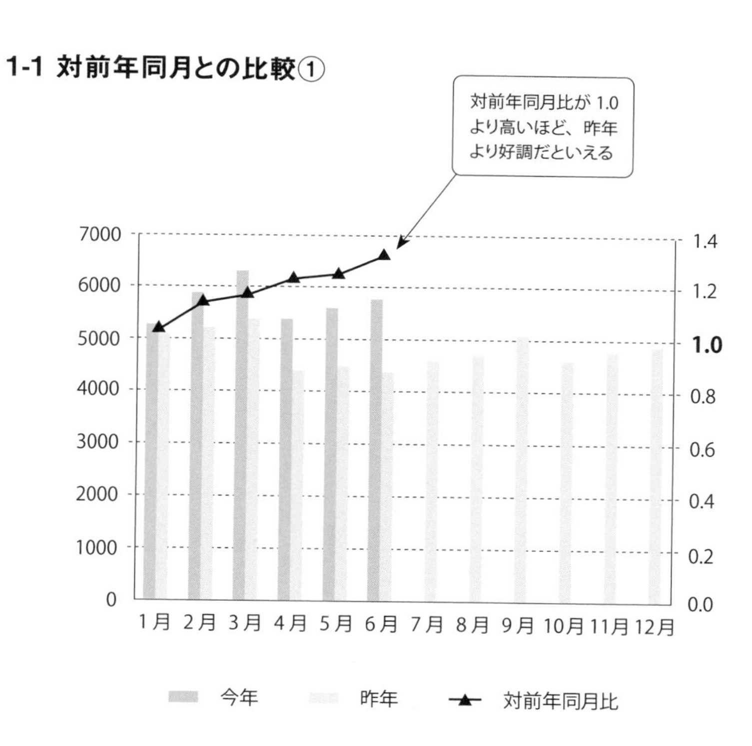

一方、図1-2は、3月まで1.0前後だった対前年同月比が4月以降は1.2前後で推移していることがわかります。この場合、売上の金額自体は増加していませんが、前年の4月以降減少していた数字と比較することで、初めて今年の売上が好調であることがわかります。

1-2 対前年同月との比較②

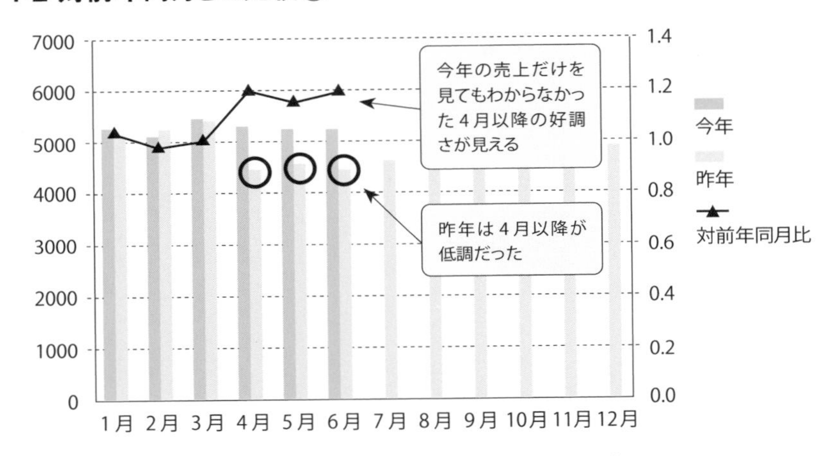

02 売上の傾向を把握する 売上Zチャート分析

見るべきポイント

前年に比べて売上が増加傾向にあるのか減少傾向にあるのかを、売上の月々の変動や季節的な変動に左右されることなく判断することができます。

Zチャートとは、「月々の売上」「売上累計」「移動年計」の3つのデータをそれぞれ折れ線グラフで表したもので、「Z」のような形となるためZチャートと呼ばれています。

Zチャートでは月々の単純な売上の変化だけではなく、今年の売上累計（= 売上累計）と直近1年の売上累計（= 移動年計）の2つの累計を同時に見ることができます。

Zチャートだと月ごとの微妙な売上の変化や、季節的要因による微妙な売上の変動を吸収することができ、現在の売上の傾向を明らかにすることができます。

例えば、図2-1のような単純なグラフには、月々の変動や季節的な変動が含まれてしまっているので、売上が伸びているのか、いないのか判断が難しくなっています。

これを、図2-2のようにZチャートにすると、移動年計が右肩上がりになっていることから、少しずつですが売上が伸びてきていると判断できます。

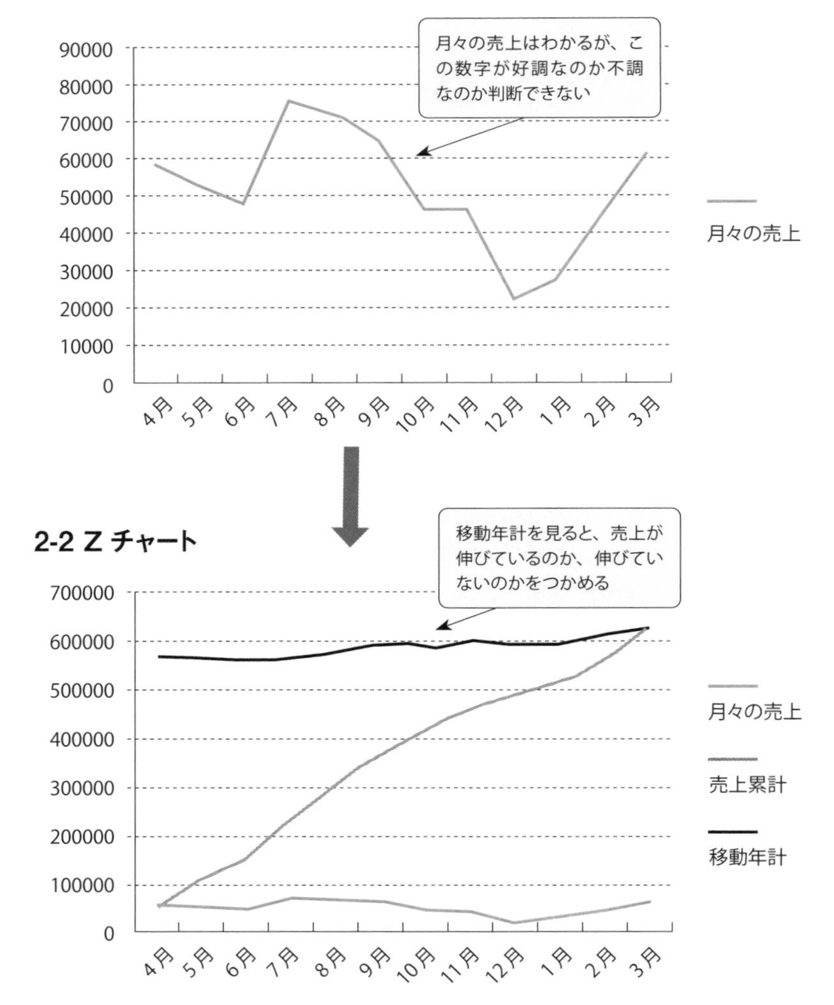
2-1 単純なグラフ
月々の売上はわかるが、この数字が好調なのか不調なのか判断できない
90000
80000
70000
60000
50000
40000
30000
20000
10000
0
4月
5月
6月
7月
8月
9月
10月
11月
12月
1月
2月
3月
月々の売上
2-2 Z チャート
移動年計を見ると、売上が伸びているのか、伸びていないのかをつかめる
700000
600000
500000
400000
300000
200000
100000
0
4月
5月
6月
7月
8月
9月
10月
11月
12月
1月
2月
3月
月々の売上
売上累計
移動年計

Zチャートに必要な3つのデータ

Zチャートを作成するには3つのデータが必要となります。

① 月々の売上……文字通り、月々の売上高です。

② 売上累計………月々の売上を積み上げたもので、その月の売上にその月の前の月までの売上累計を合計した値となります。
月々の売上が一定の場合には45度の直線のグラフとなり、売上が減少してきている場合には弓なりの弧を描きます。また、売上が増加してきている場合には、逆に、お椀型の弧を描きます。
例えば、a.毎月の売上が一定の場合、b.売上が増加してきている場合、c.売上が減少してきている場合の3つのケースの売上累計のグラフを比較すると図2-3のようになります。（年間の売上高の合計値は同じとします。）

2-3 売上累計グラフのパターン

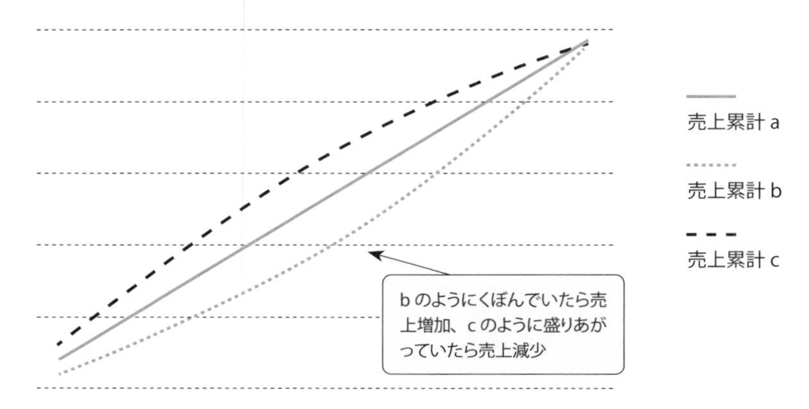

③ 移動年計………その月の売上に過去11カ月分のデータを加えた、その月の直近1年分の売上の累計値となります。季節変動などが吸収され、大まかな傾向を把握することができます。移動年計が横ばいであれば現状維持、右肩上がりであれば増加傾向、右肩下がりであれば減少傾向にあることを示しています。

移動年計は図2-4のように計算します。

2-4 移動年計の計算

2019年												2020年		
1月	2月	3月	4月	5月	6月	7月	8月	9月	10月	11月	12月	1月	2月	3月
	2020年1月の移動年計													
		2020年2月の移動年計												
			2020年3月の移動年計											

Zチャートの3つのパターン

Zチャートの形は大きく3つのパターンに分かれます。それぞれのパターンからどういった売上傾向となっているかを判断することができます。

1. 横ばい型

現状維持で前年から当年にかけて特に変動がない状態です。もっともきれいな「Z」の形のグラフになります。

2-5 横ばい型のZチャート

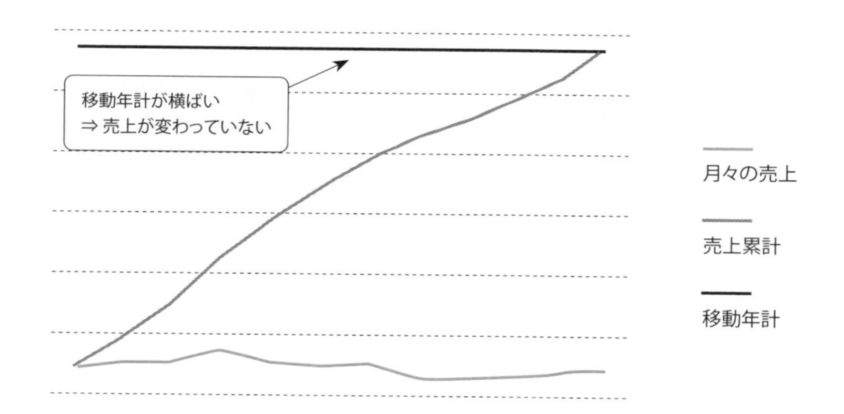

2. 成長型

前年と比較して売上が伸び、増加傾向にある状態です。移動年計が右上がりのグラフになります。

2-6 成長型の Z チャート

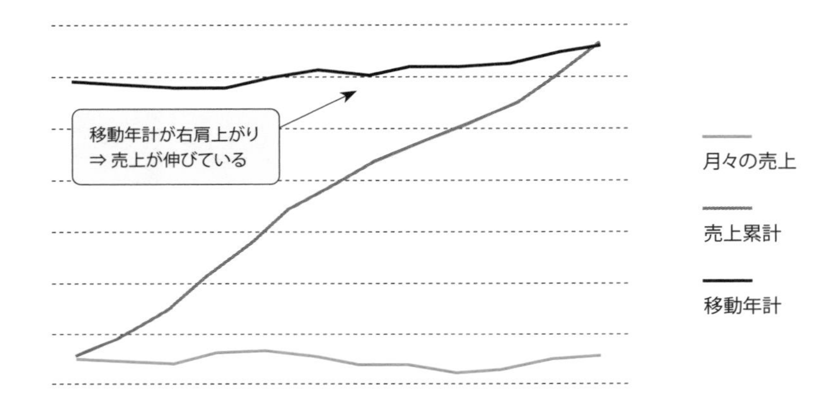

3. 衰退型

前年と比較して売上が下がり、衰退傾向にある状態です。移動年計が右下がりのグラフになります。

2-7 衰退型の Z チャート

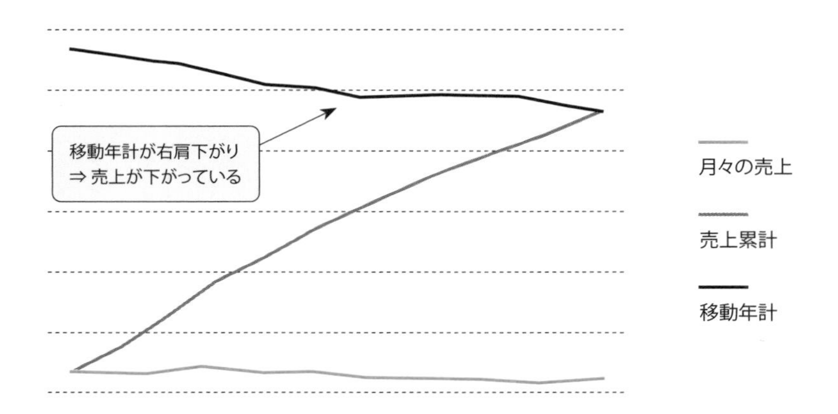

03 売上目標の達成度を見る
売上予実比分析

見るべきポイント

ある期間における目標数値とその目標の達成度を知ることで、 現状の良し悪しを判断することができます。

ここまでは、過去の売上を基準に現在の売上の傾向を見てきましたが、過去のデータ以外で比較対象となる基準値の代表格として挙げられるのが“予算値”です。

予算は、何かの計画のために使えるお金の上限という意味でよく使用しますが、それだけではありません。入ってくるお金を見積もることも含みます。

つまり、予算とは、企業が年度（もしくは半期）ごと、売上や原価・経費ごとに掲げる、売上目標、コスト目標といった数値目標です。この目標値に対する実績値と、目標の達成率を見ることで、良し悪しの判断が可能になります。

例えば図3-1では、月ごとの売上実績と売上予算を棒グラフで比較し、予算の達成度（予実比）を線グラフで重ねています。これを見る限り、月ごとの変動はあるものの、おおむね予算どおりの売上が達成されているように見えます。

しかし、予算の達成で重要なのは個々の月ではなく、半期、年度といった会計上の決算の期間における合計の達成度です。

このような一定期間における達成度を予測するには、月ごとの比較よりも、期初からの累計値での比較がより有効です。

3-1 売上予実費のグラフ

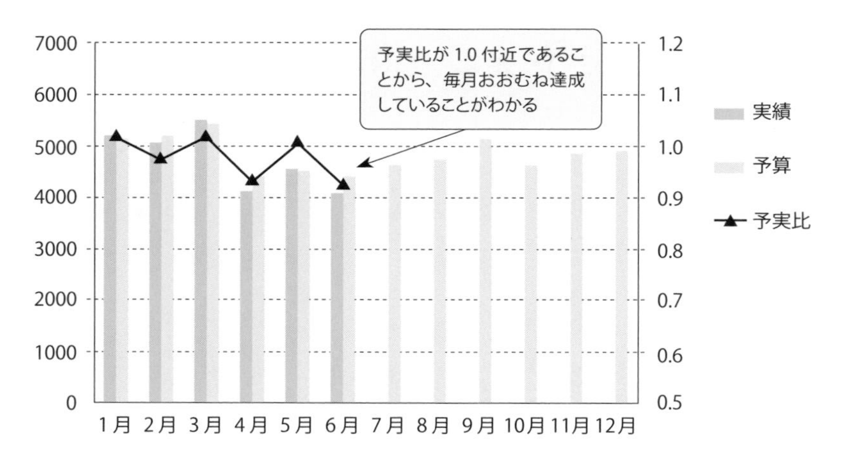

図3-2は、図3-1と同じデータを累計値でグラフにしたものです。月ごとのグラフでははっきりしませんでしたが、少しずつ達成率が下がってきており、このままでは期末の時点で、年度目標の達成が危ぶまれるという状況が見て取れます。

3-2 売上予実費のグラフ（累計）

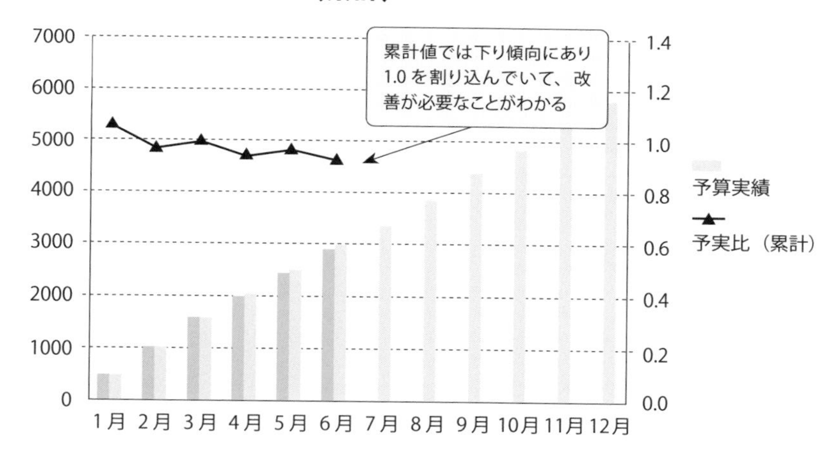

04 売上の先行きを見通す

売上見込み分析

見るべきポイント

進行中の商談をステータスごとに分類することで、これから先の売上金額を予想し、期間内での予算の達成状況を早い段階で知ることができます。

半期や年度といった期間内で売上目標を達成するには、早めに状況を把握する必要がありますが、金額が確定した売上データだけを見ていたのでは、どうしても遅れてしまいます。

そこで、先の売上を見通すということが必要になります。

どうするかというと、まず現在進行中の商談を以下の3つのように分類します。

- 受注残……受注はしているが納品・検収はしていない
- 見積中……見積書は出しているが受注はしていない
- 引合中……引合は来ているが見積書は出していない

このようなステータス(確度)ごとに分けられた商談の予想される売上金額を計算することで、先の売上を見通すことができます。

わかりやすい例として、健康食品メーカーA社での売上見込み分析を考えてみましょう。

2021年度に入り、第一四半期を過ぎたところで、上期予算分についての進捗評価を行いました。A社の売上進捗は、商談状況を確度ごとに色分けし、それらを積み上げたものと予算を比較する方法を取っています。近い将来を見通しやすく、アクションも取りやすいからです。まずは、図4-1のグラフから、各営業部門の売上進捗を確認します。

4-1 売上見込分析（確度別金額累計）

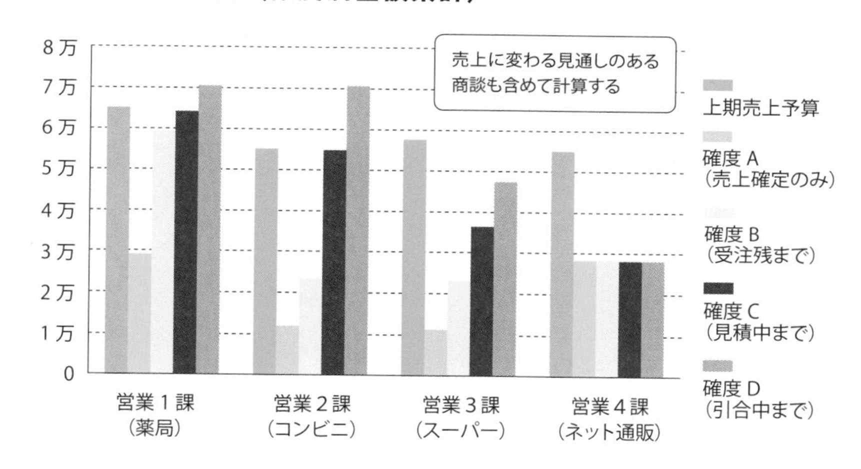

営業1課と営業2課は、引合中の商談まで入れれば予算は達成していますが、その質は大きく異なるようです。

営業3課は、どの商談状況も芳しくない様子が伺えます。

営業4課は、ネット通販での取引のため、確度は売上確定のみ（引合・見積・受注はない）ですが、半分の期間で50%程度の進捗であることから、まずまずといえます。

次に、確度別取引額ごとに予算達成率を算出し、積み上げグラフにしてみます（図4-2）。すると予算達成率の質が見えてきます。

4-2 売上見込分析（確度別予算達成率累計）

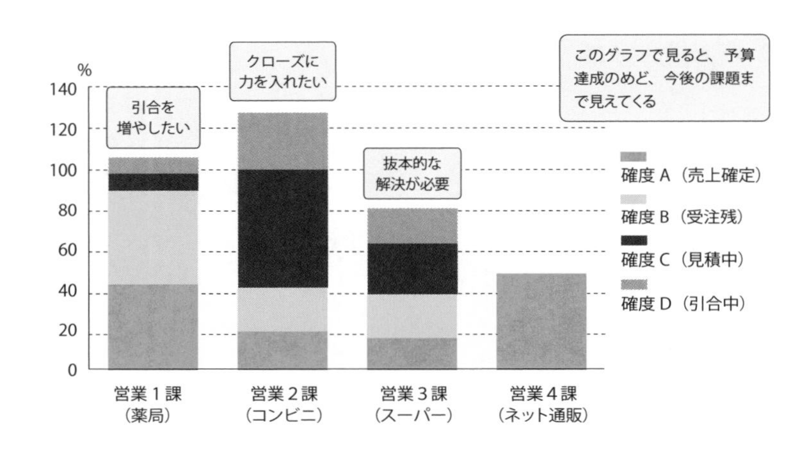

営業1課は、売上確定・受注残という確度の高い取引額で予算の90%を達成しているため、ほぼ間違いなく目標達成すると思われます。しかし、引合中・見積中の商談が少なく伸びシロがないことがわかります。まだまだ余力は残していることが伺えますので、新規案件の開拓が課題といえます。

営業2課は売上確定・受注残での予算達成率は40%程度であり、確度の低い商談が多く残っていることがわかります。したがって今後は、案件の新規開拓よりも商談のクローズに力を入れることになります。

営業3課は、質、量ともぜんぜん足りていないことがわかります。ちょっとお尻を叩くくらいでは解決しそうになく、かけ離れた目標値のまま続けていたらメンバーの士気も上がりそうにありません。とはいえ、会社としての目標を簡単に下方修正するわけにはいきません。そこで緊急避難的ではありますが、営業3課の目標売上の一部を、余力のある営業1課に付け替えることで決着しました。もちろん、業績評価時は営業1課に対し処遇面で一定の考慮を行なうことが前提となります。

ここで重要なことは、予算管理の取り組みに各部門が参加し、コミュニケーションを取りながら合意形成を図っていくという点です。

トップが決めたものがノルマとして降りてくるのでは、士気の向上も望めません。会社としてどのような目標を持ち、どの程度の努力を必要とするのかを、各人が納得してアクションを取ることで、初めてデータ分析の結果を売上増加に結びつけることができるようになります。

05 売れ筋の商品を見る
売上ランキング分析

見るべきポイント
売上増加への施策として、 商品・サービス、 顧客の中から重点項目を見つけ出すことで、 重要な部分に重点的に資源を投入することができます。

過去の実績値や予算と現在の売上を比較することで、現在の状況が把握できることはわかりました。しかし、状況を把握するだけでは、効果的な売上増加のための施策を打ち出すことはできません。

そこで、売上増加にもっとも効果がある商品・サービス、顧客といった、いわゆる重点項目を見つけることが必要になります。重点項目を見つけるための、もっとも一般的な方法がランキング分析です。

一定期間で集計した金額を降順もしくは昇順で並び替え、抽出する件数を絞れば、ランキング分析が可能となります。

ランキング分析をすると、より力を入れるべき顧客や商品を絞り込むことができ、重要な部分へ重点的に資源を投入し、コストや労力のムダを省くことが可能になります。

図5-1では、商品別の売上ランキング分析を行い、TOP10をグラフに表示しています。

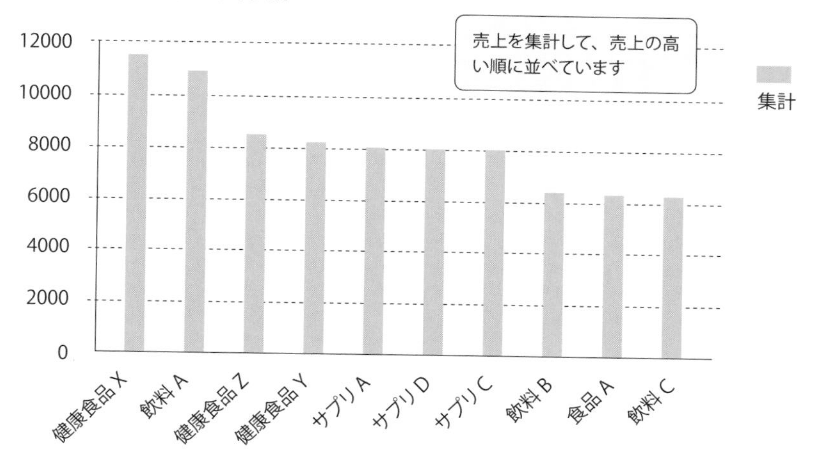

ただし、ランキングというのは一時点のものであり、また一側面からの視点ですので、継続して推移を見ることや、別の視点と合わせて考えることが重要になります。

06 重要度の高い商品を見つける
売上ABC分析

見るべきポイント
A、B、Cという3つのランクに分けて、重要度が高いものと低いもので管理方法を変えることで、重要なものほど重点的に管理することができます。

より複雑なランキング分析としてABC分析があります。ABC分析とは、重要度が高く、重点的に管理すべき対象を明らかにするために、A、B、Cという3つのランクに分ける方法で、それぞれのランクによって、管理方法を選択します。

例えば販売管理では、商品や得意先、曜日や時間帯別にABC分析を行なって、売り場構成や販売方法、販促頻度、発注方法などを変えていくといったことに使えます。

ただし、Aランクだけを重視するというわけではなく、各ランクそれぞれの管理方法を考えていくことが大切です。

実際に、売上高による販売店のABC分析を実施する場合には、累積売上高と売上構成比累計という２つの数値が必要となります。

累積売上高は、販売店の売上高を高い順に並べ、それぞれの売上高を積み上げたものです。数式は以下になります。

累積売上高＝前の順位までの売上高の合計＋売上高

売上構成比累計は、累積売上高が全体の何％を占めているのかという、累積売上高に対する構成比率です。数式は以下になります。

売上構成比類型＝累積売上高÷累積売上高合計

そして、ABCのランク分けは分析対象や利用目的によって変わりますが、一般的には構成比累計の値によって以下のようなランク分けが使われます。

ランク	累積構成比
A ランク	70% から 80%まで
B ランク	80% から 90%まで
C ランク	90% から 100%まで

図6-1は、ABC分析の結果を表形式にまとめたものです。

6-1 ABC 分析結果の表

順位	販売店	年間売上高	累積売上高	売上構成比累計
1	cycle cycle	12,620,000	12,620,000	20.2%
2	outdoor club	11,840,000	24,460,000	39.1%
3	自転車工房	10,210000	34,670,000	55.5%
4	cycle fan	8,830,000	43,500,000	69.6%
5	アウトドア王国	6,280,000	49,780,000	79.6%
6	あだちサイクル	2,860,000	52,640,000	84.2%
7	サイクルショップりんりん	2,380,000	55,020,000	88.0%
8	自転車ステーション	1,820,000	56,840,000	90.9%
9	bicycle55	1,540,000	58,380,000	93.4%
10	バイク&バイク	1,260,000	59,640,000	95.4%
11	ABC 自転車	1,080,000	60,720,000	97.2%
12	自転車ライフ	960,000	61,680,000	98.7%
13	bicycle スタジオ	820,000	62,500,000	100.0%

A（70%から80%まで）

B（80%から90%まで）

C（90%から100%まで）

この表で見ると、1位の販売店「cycle cycle」から5位の「アウトドア王国」までが売上構成比累計が80%の中なのでAランクになります。

そして、6位「あだちサイクル」と7位「サイクルショップりんりん」が売上構成比累計が80～90%の中なのでBランク、残りの8～13位の販売店がCランクとなります。

ABC分析の結果をよりわかりやすく表現できるのがパレート図です。上の表をパレート図にしたものが図6-2です。

パレート図とは、棒グラフと折れ線グラフを組み合わせた複合グラフで、棒グラフは数値の大きいものから順に並べ、構成比の累計を折れ線グラフで表したものです。ABC分析の結果を視覚的に捉えることができます。

6-2 ABC 分析結果のパレート図

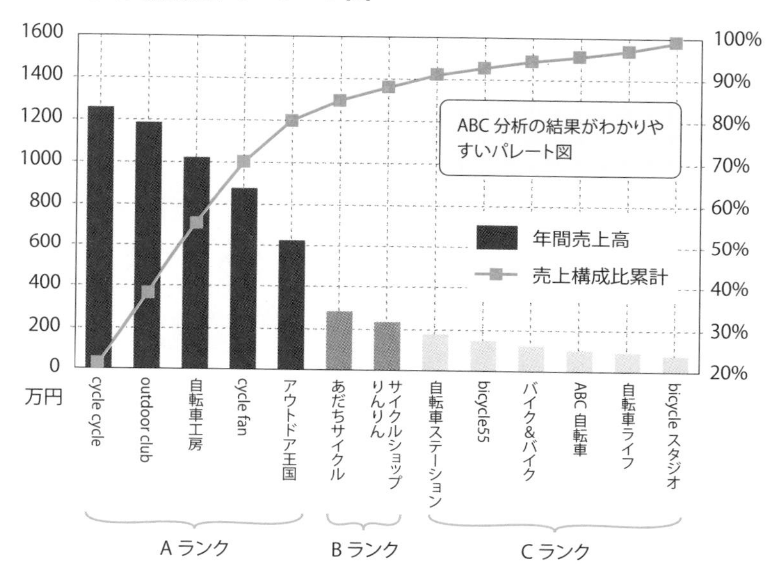

パレート図を使ってABC分析を行なった結果は、おおよそ次の3つのパターンに分類されます。

1. 標準型

図6-3のように、Aランクに20～30%の管理する対象項目が含まれます。Aランクがある程度の比率を持っているので、Aランクを重点的に管理していくことにより、全体の数字を管理することができます。

6-3 標準型のパレート図

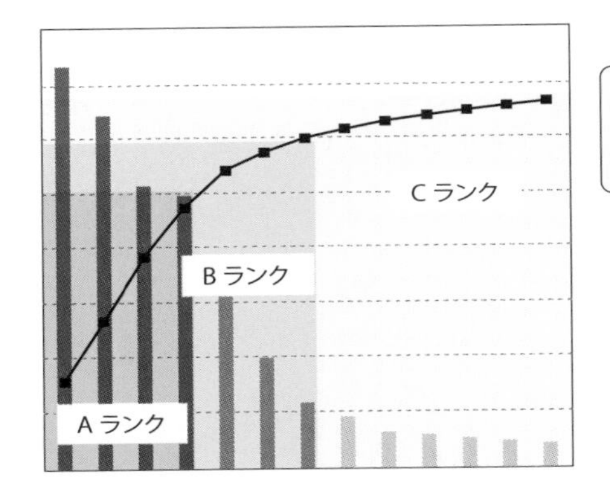

2. 集中型

図6-4のように、Aランクが少数の管理する対象項目で構成されています。数少ない管理対象項目に頼った状態となっているため、BランクやCランクのものをAランクに加えていけるように対策を検討する必要があります。

6-4 集中型のパレート図

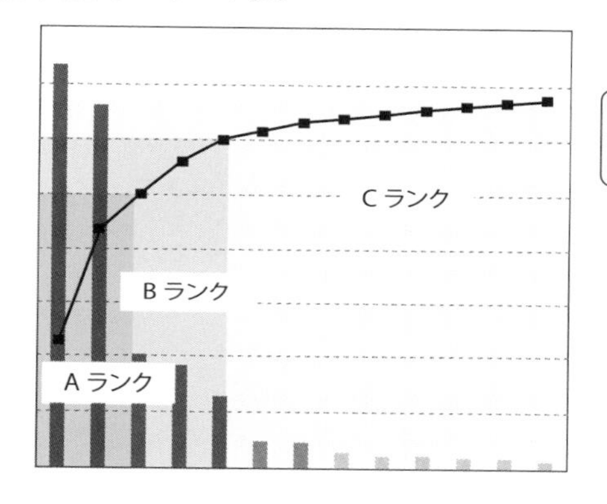

3. 分散型

図6-5のように、管理する対象項目のそれぞれの数値にあまり差がない状態です。何に重点をおくのか、判断が難しくなります。そもそも対象項目が少ないときにはバランスよく取引されていると判断できますが、多いときに分散型のグラフになっている場合には、分析の視点を変えてみるなどして、どういった状況になっているのか慎重に判断する必要があります。

6-5 分散型のパレート図

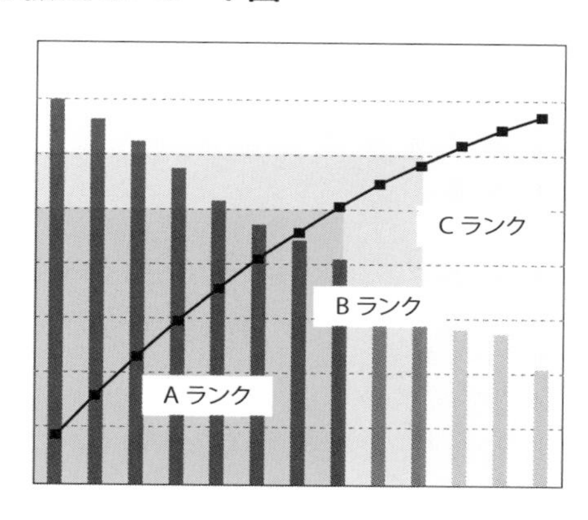

07 勢いのある商品を見つける
売上ファンチャート分析

見るべきポイント

基準となる時点からの売上の変化を率で見るため、 金額が小さくても伸びている、急成長している商品を把握することができます。

ファンチャートとは、ある基準となる時点を100%とし、それ以降の数値を基準となる時点に対する百分率で表示し、折れ線グラフで表したものです。グラフが扇（ファン）を広げたような形をしていることからファンチャートと呼ばれています。

ファンチャートでは数値の伸びや落ち込みなどの変化を率で表すため、金額の大小に関わらず、伸びている製品や落ち込んでいる製品がグラフの傾きによって視覚化され、金額が小さくても、急成長をしている製品を見落とさずに把握することができます。

例えば、図7-1のグラフでは、製品によって売上規模が異なるため、売上が伸びてきている製品がどれかわかりません。

しかし、図7-2のファンチャートでは、売上の伸び率で表されているため、2つの製品が急激に売上を伸ばしてきていることがよくわかります。

ファンチャートではどれくらいの期間のデータを見るのかがポイントとなります。季節によって数字に変動があるような商品の場合は、季節変動を吸収できるように2年以上のデータを使ってファンチャートを作成するのが望ましいといえます。

また、基準となる時点の売上の状況によっては、伸びや落ち込みが大きく見えたり（基準点の売上が悪いケース）、小さく見えたり（基準点の売上がいいケース）するので、注意が必要です。

7-1 単純なグラフ

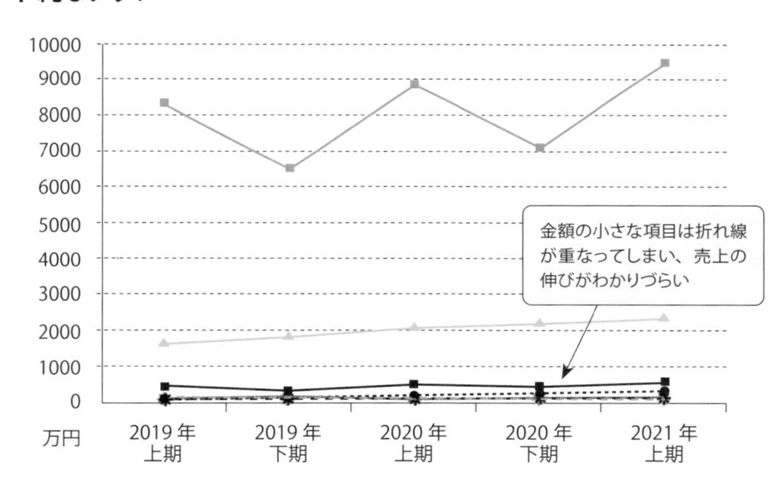

7-2 ファンチャート

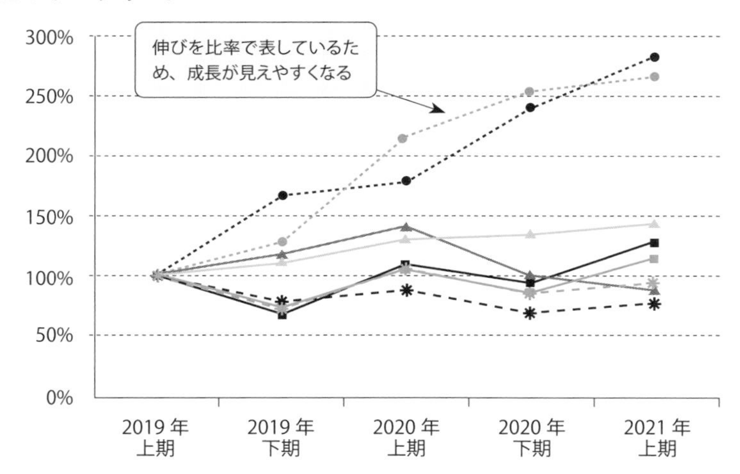

08 分析結果を検証する
売上多次元分析

見るべきポイント

複数の視点からデータ分析をすることで、 これまでの分析結果から得た傾向、 問題点、 重点項目などが正しいか検証することができます。

ランキング分析、ABC分析、ファンチャート分析によって重点項目を見つけ出す方法はわかりました。しかし、これらの方法で見つけ出した重点項目が果たして正しいものかどうか、また、本当に現在の売上傾向の主要な要因となっているか検証できていません。

いままで出てきたようなデータ分析の方法で発見した傾向、問題点、重点項目といったものを検証することなしに施策の立案、実行に移してしまうと、効果があらわれるどころか、会社の貴重な資源をムダに費やすことになりかねません。

ここで紹介する多次元分析は、データ分析の手法というよりも、データ分析の結果を検証するための考え方といった方がいいかもしれません。

多次元分析とは、複数の視点（分析軸）からデータを分析することで、「結果の評価」、「原因の探索」、「検証」までを正しく行うための手法です。多次元分析を行なううえでは、集約レベルのデータに分析軸を加えて内訳を見たり、他の分析軸に切り替えたり、複数の分析軸を重ねたりといった、柔軟な視点の切り替えが要求されます。（図8-1）

8-1 多次元分析のイメージ

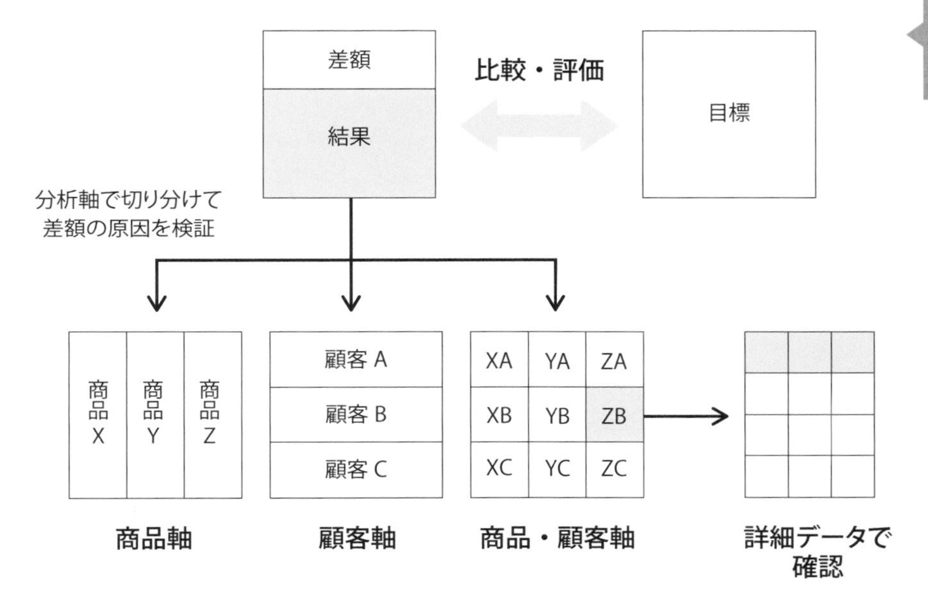

多次元分析のデータ分析は、次の3つの手順を踏みます。

①結果を評価する

②結果に至った要因を探す

③探した要因に対する検証を行う

①結果を評価する

結果の評価とは、これまでの分析で発見した売上の傾向や重点項目が本当に正しいのかを判定することです。

判定に使う基準値は予算が中心になります。商品別や顧客別といった複数の視点から結果の分析を行い、より精密に売上の傾向や重点項目を探ります。予算が商品別や顧客別にまで設定されていない場合は、過去の結果（特に前年度、前期）と比較し成長率はどうか、市場データと比較しシェアはどうかといった視点で分析します。

予算達成率、成長率、シェアなどの指標を設定しておいて目標値に達したかどうかで判定するのが一般的です。

8-2 結果の評価

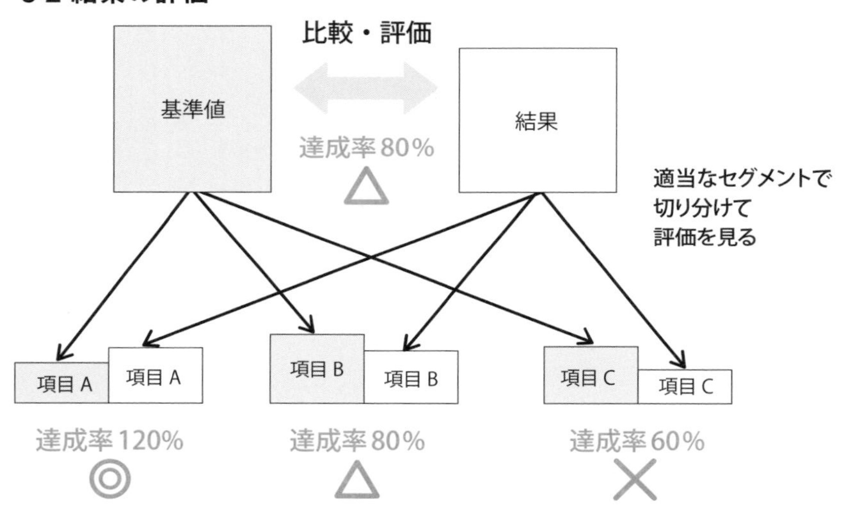

② 結果に至った要因を探す

評価が終わると、どの部門・担当者の結果が良かった悪かった、どの商品が売れた、売れていなかった、売れるべき顧客に売れていなかったなどの結論が出ます。

その次は、なぜその結論になったのか要因を究明します。

具体的な方法としては、データを掘り下げて、その内訳を見ることです。売上というデータを部門・担当者、顧客、商品という３つの分析軸で見た場合、それぞれの分析軸独自の要因と3つの分析軸の組み合わせ分の要因（担当者と顧客の相性、顧客と商品の相性など）が得られることになります。

例えば、ある担当者の売上結果が悪かったと判定した場合に、担当する顧客の中で、予定より落ち込んだ顧客がないかどうかを知るためには、担当者別顧客別売上という形でデータを見ます。特定の顧客で落ち込みが見つかった場合は、要因の候補として考えられます。

さらに、その顧客に対する売上がどのような商品構成なのかを見るために、商品別という視点を加えると担当者別、顧客別、商品別の売上というデータの見方になり、売るべき商品を売れていないとか、その顧客に対する営業自体に問題があるとか、顧客自体の事情があるのではといった見当をつけられます。

8-3 要因の探索

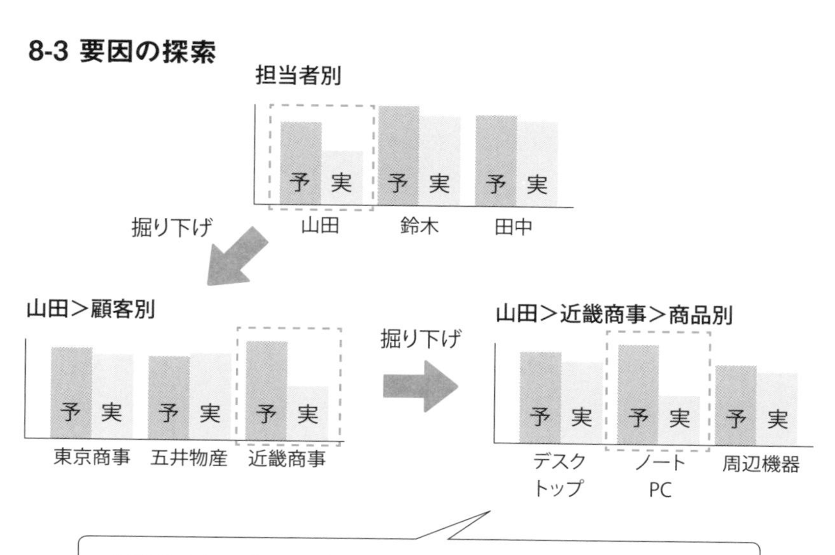

③ 探した要因に対する検証を行う

要因とおぼしき候補を見つけた後は、その証拠固めが必要です。視点として、先の仮説は間違いないかどうか、仮説の真因は何か、要因をこれだけと決めていいかどうか、他にも要因の候補がないかどうか、ということです。

仮説が間違いないかどうかの検証は、分析軸を柔軟に入れ替えてデータを眺め直します。例えば、特定の顧客に特定の商品が十分に売れていないことが、その担当者の成績が振るわなかった原因だったと見当をつけたとします。

そこで同一担当者で同一商品の売れ行きが、他の顧客に対してはどうかを見ます。他の顧客でも売れていなければ、この担当者のこの商品に対する売り方の問題、もしくは商品自体の競争力の低下も考えられます。

さらに、この担当者の他の商品の売れ行きを見たり、もしくは同一商品の他の担当者の売れ行きを見ることで、担当者の問題か、商品の問題か、はたまた顧客と商品との相性の問題かをはっきりさせます。

仮説の真因を探るためには、分析軸の入れ替え、集計方法の変更など、別の角度から見ることである程度は可能ですが、データ分析のみでは限界があります。データ上で仮説の設定と、ある程度の検証を行なった後は、実際に関係者にヒアリングを行なうなどしてデータでは測りえない原因を探る必要があるでしょう。

他の要因を探るには、同じく分析軸を柔軟に入れ替えてデータを眺める作業を繰り返し行なうことになります。

8-4 要因の検証

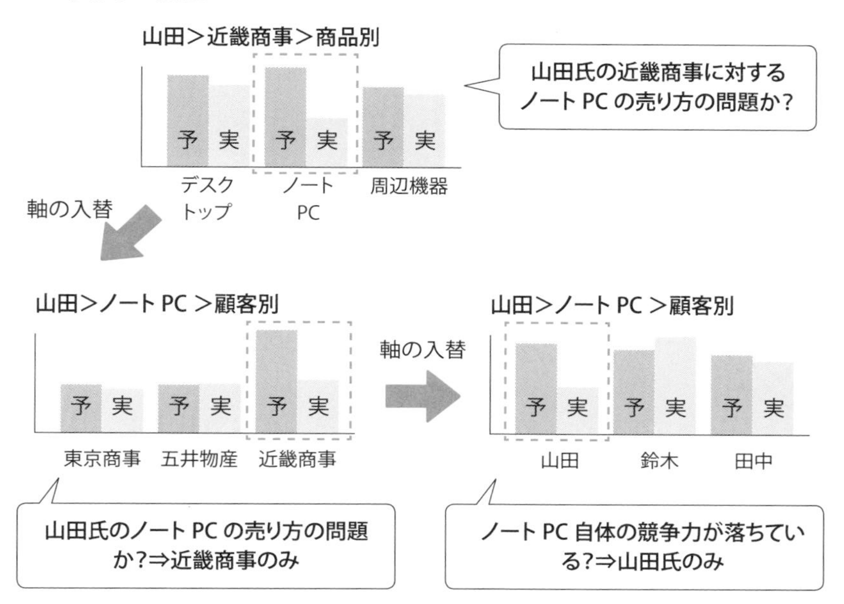

さて、ここまでで多次元分析の考え方はわかりました。しかし、多次元分析を正しく理解するには、いくつか押さえておくべきキーワードが存在します。

- 次元と階層
- 軸の入れ替えによる動的な集計
- スライス
- ドリルダウン＆ドリルアップ
- ドリルスルー

これらのキーワードについて簡単に説明しておきます。

次元と階層

次元とは分析軸を指しています。

データ分析をする前には、適切な分析軸が何であるかを定義しておくことが重要です。必要な分析軸が揃っていないと、それ以上数値を掘り下げることができません。

逆に不必要な分析軸を追加してしまうと、集計に余計な時間がかかってしまったり、操作が必要以上に煩雑になってしまいます。分析したい数値項目（売上、原価、利益、在庫など）ごとに過不足のない分析軸を検討することは、自社のビジネスを理解することにつながります。

さらに各分析軸に、適切な階層を設定することも押さえておく必要があります。例えば、時間軸であれば“年 ⇒ 四半期 ⇒月 ⇒日”、組織軸であれば、“事業本部 ⇒ 事業部 ⇒ 部 ⇒ 課”といったものです。

階層を設定するということは、集計の順番を固定化するということになります。ユーザーは特に意識しなくてもこの階層順に掘り下げることになります。階層の順を入れ替えて集計する必要がある場合（担当 ⇒ 顧客、顧客 ⇒ 担当など）は、それは別の分析軸として定義することになります（図8-5）。

このように、階層を持った次元とそれらで切り分けて見る数値項目の組み合わせからデータのモデルを事前に組み立てておくことで、多次元分析における柔軟な集計が可能となります。

8-5 多次元分析のデータモデル

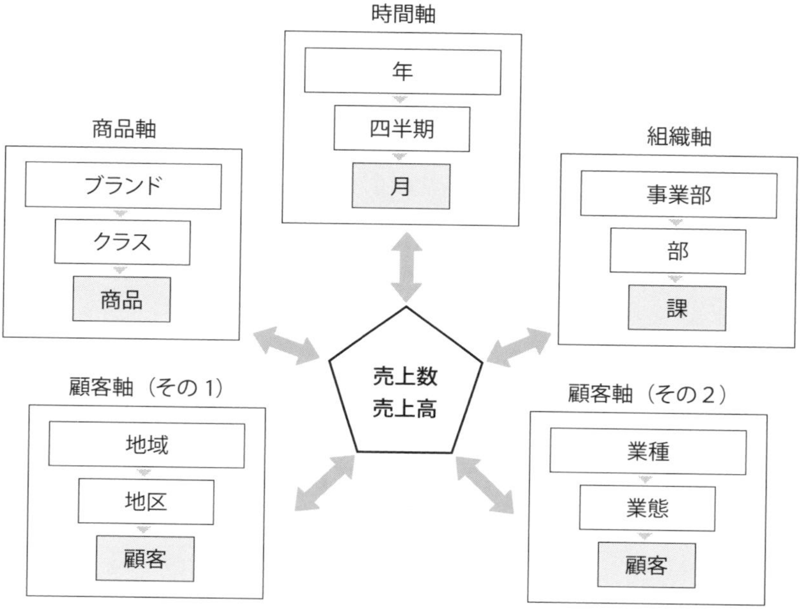

時間軸
年
四半期
月

商品軸
ブランド
クラス
商品

組織軸
事業部
部
課

売上数
売上高

顧客軸（その 1）
地域
地区
顧客

顧客軸（その 2）
業種
業態
顧客

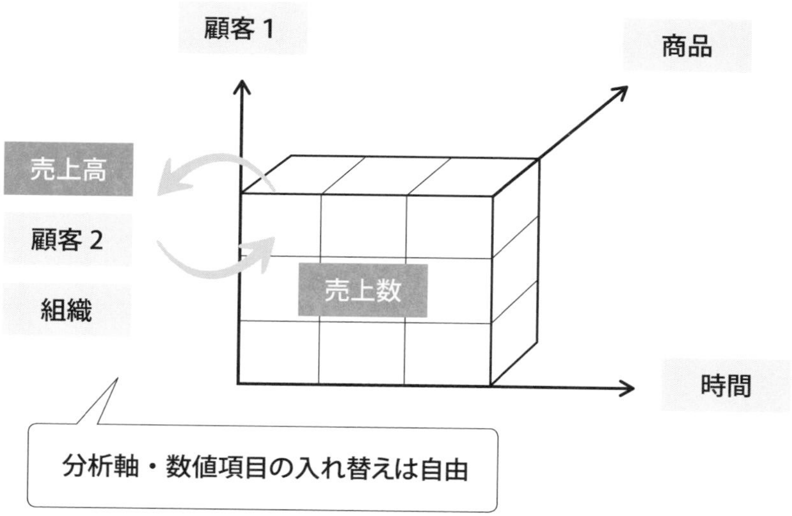

顧客 1
商品
売上高
顧客 2
組織
売上数
時間

分析軸・数値項目の入れ替えは自由

軸の入れ替えによる動的な集計

多次元分析の象徴的な機能は、複数の分析軸を柔軟に入れ替えることで、さまざまな集計表を作成できる点にあります。2つ以上の分析軸を縦・横に配置して集計することをクロス集計といい、多次元分析では"奥行"にも分析軸が設定されます。

この軸・数値の組み合わせ、レイアウトの組み立て方（縦・横・奥行への配置）によって、そのパターンは無数にできることになります。

8-6 軸の入れ替え

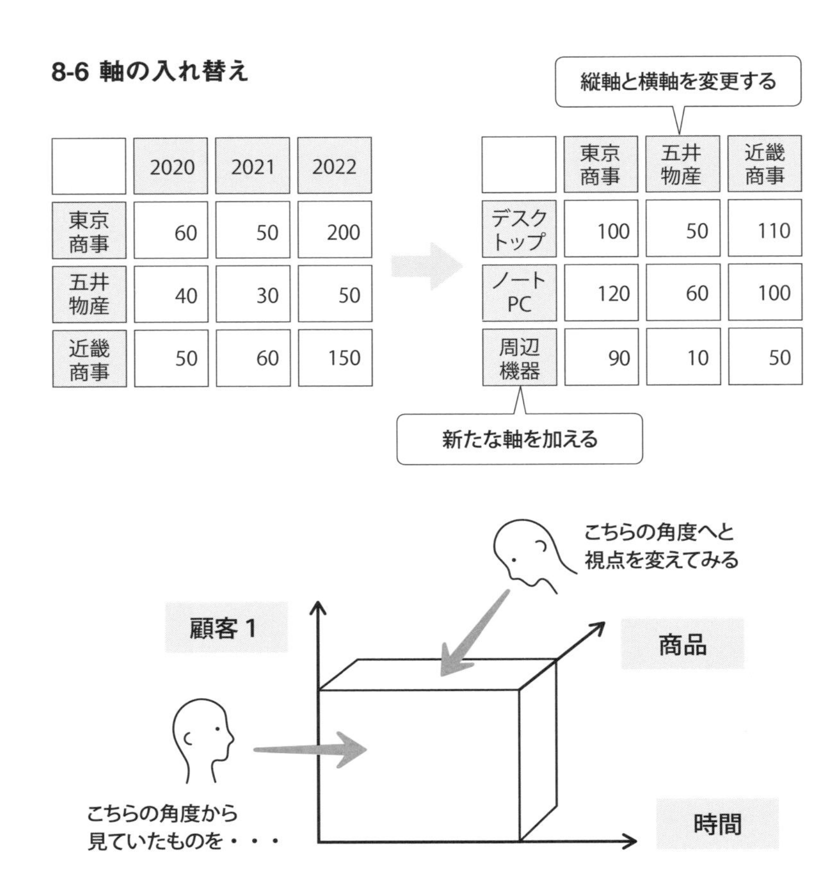

スライシング

集計表を作る際に、奥行を変えることをスライシングといいます。データの塊をある切り口で切り出して集計を見ることから、野菜などをスライスすることをイメージしてこのように呼ばれます。

8-7 スライス

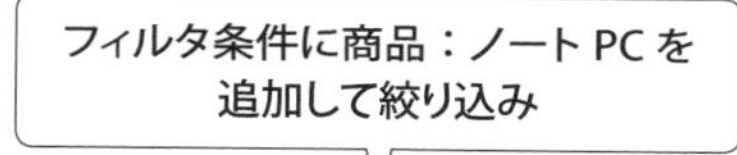

	2020	2021	2022
東京商事	60	50	200
五井物産	40	30	50
近畿商事	50	60	150

ノートPC	2020	2021	2022
東京商事	30	30	55
五井物産	15	20	25
近畿商事	55	25	100

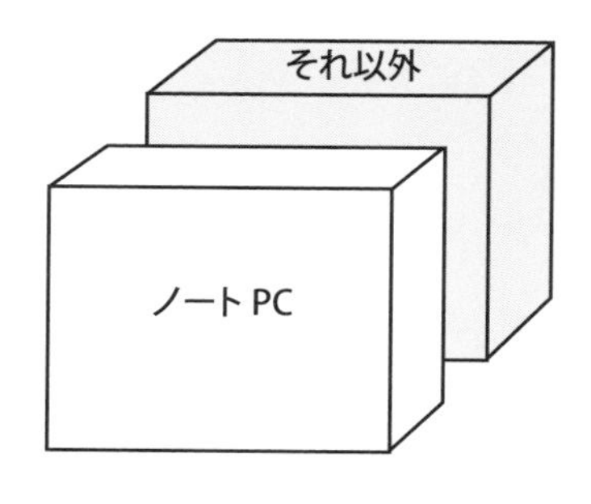

商品軸の内、
ノートPC のみをスライス

ドリルダウン＆ドリルアップ

ドリルダウンとは集計値を掘り下げて見ることをいいます。例えば、ある年度の売上が気になったとすると（例年より異常に数値が異なるなど）、それをその年度の四半期単位または月次に分割して見たり、商品軸や顧客軸など分析軸を追加して売上の内訳を見ることです。

データの掘り下げ方は、先に述べたように分析軸を追加する方法と、分析軸に設定されている階層を上位から下位へ降りていくという方法の組み合わせで実現します。

ドリルアップはその逆で、分割されている値をまとめていくことを指します。こちらは分析軸の階層を下位から上位へ上がっていくか、分析軸を集計表から外すことで実現できます。

8-8 ドリルアップ&ドリルダウン

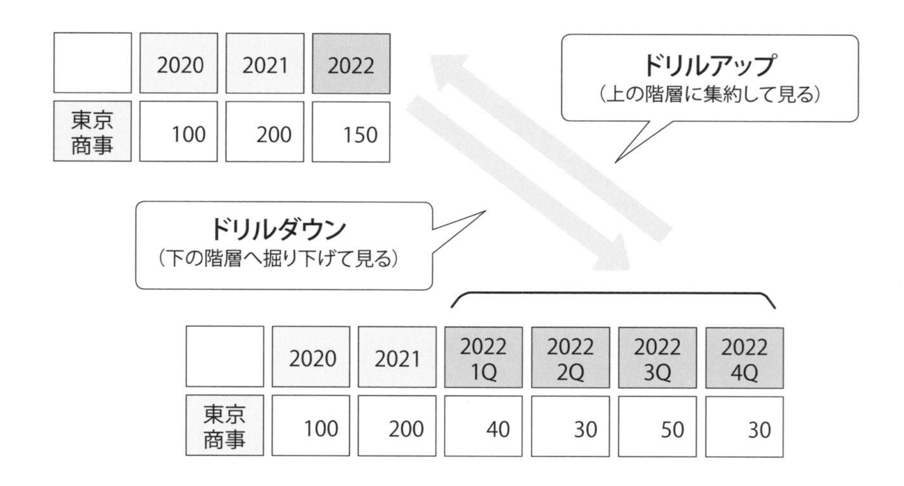

ドリルスルー

ドリルスルーはドリルダウンと混同しやすいですが、ドリルダウンが掘り下げて下位階層の集計値を見ることに対して、ドリルスルーは集計値の基となった詳細データを一覧表示することを指します。例えば、ある顧客の購買パターンを見て販売促進の方法を決める場合には、どのような商品を、何日に、いくらずつ売ったのかという詳細データを見るドリルスルーが役に立ちます。

8-9 ドリルスルー

2022 1Q	デスクトップ	ノートPC	周辺機器
東京商事	20	15	40
五井物産	15	20	30
近畿商事	10	20	25

集計値を構成する
詳細データを表示

日付	顧客	商品	数量	担当
2022/4/15	五井物産	周辺機器	5	山田
2022/4/30	五井物産	周辺機器	10	田中
2022/5/20	五井物産	周辺機器	4	鈴木
2022/6/25	五井物産	周辺機器	11	田中

ここで挙げた５つのキーワードに相当するデータ処理を実際に手作業で行うことは困難です。しかし、Microsoft Excelのピボットテーブル機能を使うと多次元分析の操作を簡単に行うことができます。

09 商品の最適な価格を割り出す

価格弾力性分析

見るべきポイント

商品価格の変動と販売数量の関係から、売上を最大化する商品の価格設定を見つけることができます。

商品の価格設定も売上に大きな影響を与えますが、売上を最大にする価格を見つけることは簡単ではありません。なぜなら、価格を下げると販売数量は増えますが、値下げ幅と販売増加数は単純に比例しないからです。また、価格を上げる場合にも同様のことがいえます。

このように複雑な価格と販売数量の関係を分析する方法が価格弾力性分析です。

価格弾力性とは、商品の価格が変動することによって、需要（販売数量）が変化する度合いを表す数値で、一般的には、下のような式で定義されます。

価格弾力性＝需要の変化率÷価格の変化率

よりわかりやすくするために、商品価格と販売数量（需要）の関係を図9-1のようなグラフにしてみましょう。通常、価格が増加すると販売数量は減少しますので、右肩下がりのグラフになります。

9-1 商品価格と販売数量の関係

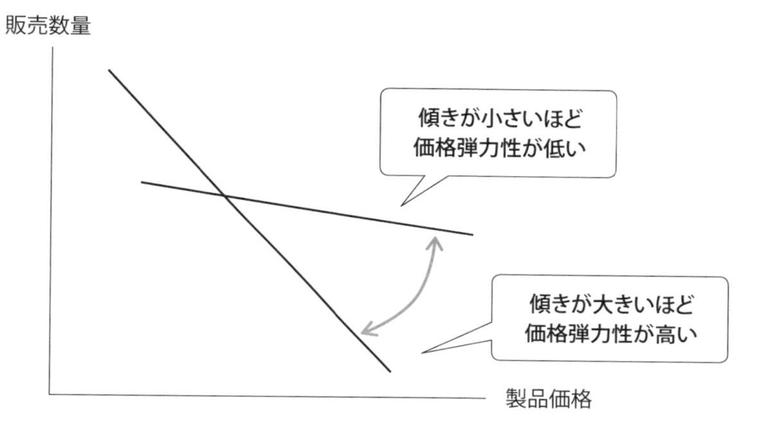

価格弾力性は、このグラフの線の傾きとして表現され、傾きが小さいほど、価格弾力性が低い、傾きが大きいほど、価格弾力性が高い、といいます。

価格弾力性が低い場合は、価格に変化があっても需要にはほとんど影響を与えませんが、価格弾力性が高い場合は価格の変化が需要に大きな影響を与えることになります。

また、価格弾力性、すなわち、製品価格と販売数量（需要）の関係は、必ずしも直線的な相関を持つとは限りません。

図9-2のように、価格帯によって価格弾力性が変化する場合もありますので、注意が必要です。

この例では、60円から70円までは価格弾力性が低く、70円以上では価格弾力性が高いということになります。

9-2 複雑な価格弾力性を持つ例

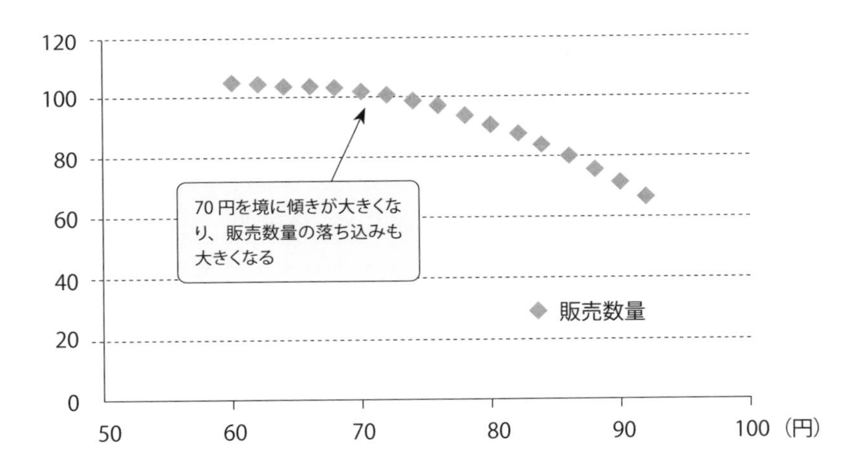

価格弾力性を調べる目的は、通常は以下のいずれかです。

- 値下げしても、単価の減少による売上金額の減少を充分補う、または上回るような販売数量の増加が見込めるか？
- 値上げしても、販売数量の減少が、売上金額に影響を与えない、もしくは増加するような範囲に留まるか？

したがって、価格弾力性を調べる場合は、同時に売上金額に対する影響も調べる必要があります。

例として、図9-2のデータに対して売上金額を計算してみましょう。

計算結果をグラフに重ねたものが図9-3になります。この結果から売上を最大にできる最適な販売価格は76円程度という結論になります。

9-3 最適な販売価格と売上の関係

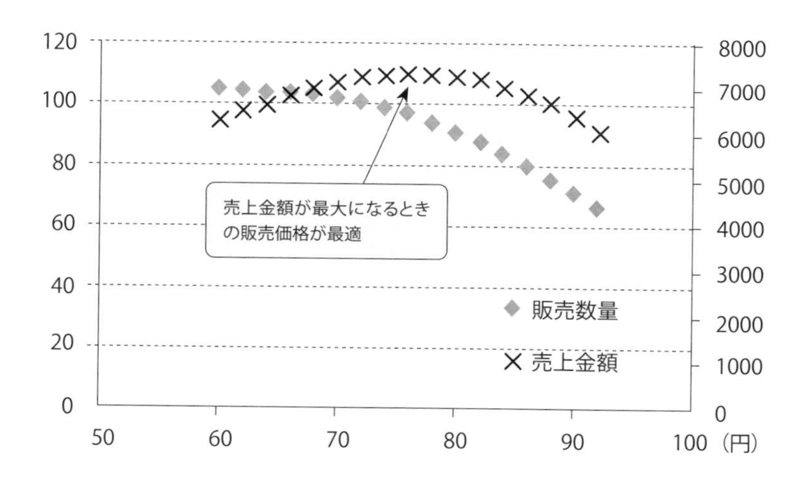

10 商品のライフサイクルを見る
PPM分析

見るべきポイント
マーケットシェア、売上伸び率、売上金額から、ある商品のライフサイクルの段階を知ることができ、段階に合わせた施策を立案することができます。

PPM（プロダクト・ポートフォリオ・マネジメント）とは、商品がライフサイクルのどの段階にあるかを判定する分析手法です。

これまでに出てきた分析手法とは異なり、商品の状況を大局的に分析し、戦略的な施策立案に用いられます。

PPMでは、横軸にシェアを、縦軸に売上伸び率をとり、売上金額に比例した大きさの円をプロットします。

例えば、下の表のように2018年に販売を開始し、2022年まで販売を継続した商品の売上伸び率、シェア、売上金額のデータがあるとします。

	マーケットシェア	売上伸び率	売上金額
2018年	7%	10%	5
2019年	20%	40%	14
2020年	38%	30%	20
2021年	40%	4%	22
2022年	12%	-20%	15

このデータをもとに、PPM分析を行うと、図10-1のようなグラフが作成できます。

10-1 PPM 分析結果のグラフ

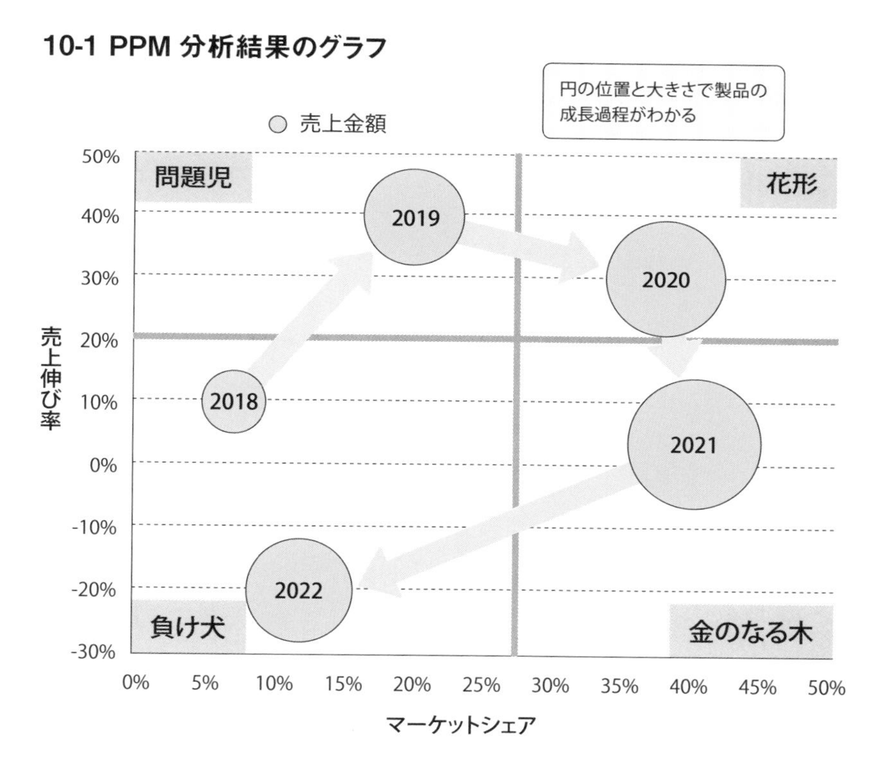

このグラフを見てわかるとおり、商品の販売開始時にはデータは左下にあり、販売が軌道に乗ると徐々に右上に上がっていき、かつ円が大きくなります。ピークを過ぎて、円が小さくなり、位置が左下に戻ってきたところで販売を停止するという目安になります。

また、このグラフを以下の４つの領域に分類することで、現在、製品が市場においてどのようなポジションにあるかを判定することができます。

1. 問題児

グラフの左上の領域。売上伸び率は高いが、マーケットシェアはまだ低い。この領域にある製品は、将来的な利益が期待される。

2. 花形

グラフの右上の領域。売上伸び率、マーケットシェアとも高い。この領域にある製品は、これから長期にわたっての利益が期待される。

3. 金のなる木

グラフの右下の領域。売上伸び率は低下しているが、マーケットシェアはまだ高い。この領域にある製品は、現時点では利益を生んでいるが、将来的な利益低下が予測される。

4. 負け犬

グラフの左下の領域。売上伸び率、マーケットシェアとも低い。この領域にある製品は、すでに市場競争力を失っており、新製品の投入、もしくは撤退の判断が必要。

11 商品の配置で売上を伸ばす

線形計画法

見るべきポイント

ある条件を決め、その条件を満たす状態の中での最適な答えを見つけることができます。

線形計画法とは、複数の条件を満たす最適な値（最大化や最小化など）を求めるデータ分析の手法です。

限られた資源を最大限に利用したいような場合や最小の費用で何かを実施したい場合などに用いられます。

例えば、売上の増加という意味では、棚割りと呼ばれる商品の陳列方法を最適化する場合にも用いられます。

線形計画法は3つのステップで最適な値を求めていきます。

① 制約条件の明確化
② 制約条件の数式化
③ 最適な値の算出

次ページの簡単な問題を例として、線形計画法の考え方を見ていきましょう。

線形計画法の例題

今月の新商品として商品Aと商品Bの2つが発売されます。次の2つの条件を満たし、売上を最大にするための商品の陳列数の最適値を求めましょう。

- 商品Aは120円で、1つの棚に横4列、奥に8個並べることができます。
- 商品Bは180円で、1つの棚に横4列、奥に5個並べることができます。

① 制約条件の明確化

新商品として発売される商品Aと商品Bをともに陳列をする必要があるとすると、商品A、商品Bともに最低でも1列は陳列する必要があります。ただし、1列に複数の商品を並べないことを前提とします。

商品Aと商品Bともに整数である必要があります。

② 制約条件の数式化

商品Aの陳列数をXとし、商品Bの陳列数をYとすると、
次のように数式化することができます。

［売上高］　$120 \times 8 \times X + 180 \times 5 \times Y$
［棚の列数］　$X + Y = 4$
［値］　$X \geqq 1, Y \geqq 1$

③ 最適な値の算出

XとYがともに整数で1より大きく、XとYの合計値が4となっているため、以下の3つの組み合わせが考えられます。

商品Aが1列、商品Bが3列……Xが1、Yが3
⇒　$120 \times 8 \times 1 + 180 \times 5 \times 3 = 3660$円

商品Aが2列、商品Bが2列……Xが2でYが2
⇒　$120 \times 8 \times 2 + 180 \times 5 \times 2 = 3720$円

商品Aが3列、商品Bが1列……Xが3でYが1
⇒　$120 \times 8 \times 3 + 180 \times 5 \times 1 = 3780$円

これらの中で、売上がもっとも大きい一番下の組み合わせが、最適な棚割り方法と判断されます。

この例題では条件が簡単なため、3つのパターンを考えることによって最適な値を求めることができましたが、より複雑な条件の場合には組み合わせをひとつひとつ考えることは難しくなります。しかし、Microsoft Excelのソルバー機能を使うと線形計画法の計算を簡単に行うことができます。

12 ケーススタディ 売上向上編

とある架空企業の話をもとに、売上を伸ばすためのデータ分析活動をどのように進めていくか見てみましょう。

企業概要

A社は、健康食品を製造・販売するメーカーです。サプリメントの製造・販売からスタートし、ラインナップを拡充し売上を伸ばしてきました。その過程で健康系の飲料、その他食品の事業まで多角化を進めています。

販売チャネルは、創業時に訪問販売からスタートし、量販店、コンビニなどへの卸売りへとチャネルを多様化させ、数年前から訪問販売の代わりとして始めたインターネット通信販売の売上構成比率も増してきています。

折からの健康志向ブームに乗り、売上を拡大してきましたが、ここ数年は相次ぐ競合の参入により競争が激化してきたうえに、一時期の過熱ブームは去り、市場全体の規模は下り傾向にあるため、状況は厳しくなってきています。

経営課題と業務要件

A社の強みは、時流を読み製品の取捨選択を行える、その“市場への迅速な対応力”ですが、やはり一製品を開発し市場に浸透させるまでには、多くの時間とコストが必要です。少なくとも有望な製品に関しては、効率よく市場に浸透させ、確実に資金を回収することが先決と考えています。

そこでA社は、当面の経営課題として、“売れ筋商品の販売に注力することで機会損失を防ぎ、売上の拡大を目指す”ということを掲げました。

これを実現するためには、売れ行きの情報をすばやく把握・分析するための仕組みづくりが必要となります。その仕組みに求める業務要件として、以下の3つを挙げました。

① 売れ筋商品が何かをつかめる
② 売れている要因、売れていない要因を分析できる
③ 業績の良し悪しを把握しやすくする

そこで、販売データを月次のタイミングで入手し、売上多次元分析を中心にデータ分析の方法を選択し、各業務要件を満たすためのアウトプットを次のように定義しました。

業務要件	アウトプット
売れ筋商品は何かをつかめる	商品売上ランキング表、 ファンチャート
売れている要因、 売れていない要因を分析できる	多次元分析
業績の良し悪しを把握しやすくする	予実対比表、 売上予算達成率推移表

分析活動の詳細

売れ筋の把握

まずは、売れ筋商品を把握するため、A社ではランキング表とファンチャートを参照します。ランキング表にて、第一四半期の売上金額の上位20位までを確認します。（図12-1）

12-1 第一四半期商品売上ランキング表

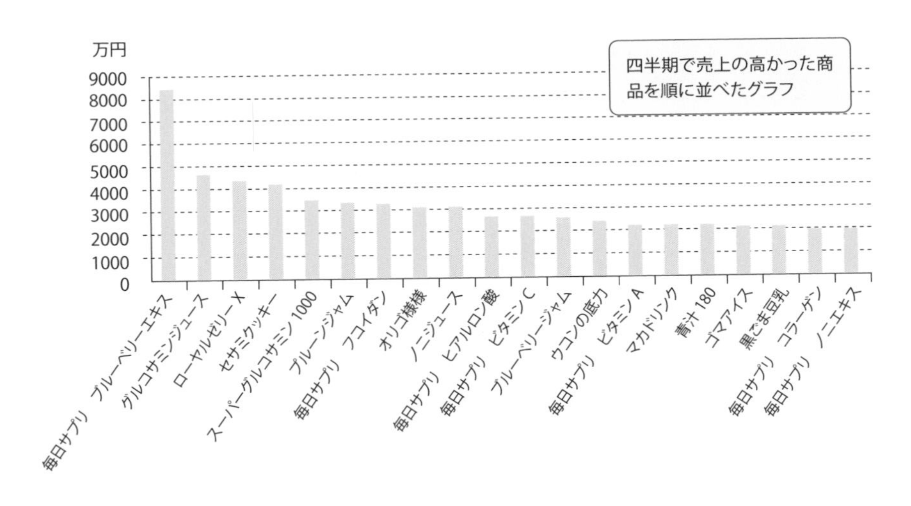

そしてファンチャートを合わせて見ることで、商品の伸び具合（今現在の勢い）を確認します。商品の種類が多いため、便宜上、商品分類ごとに商品を絞り込み確認しています。

12-2 第一四半期ファンチャート

1Q　商品売上成長率　サプリメント

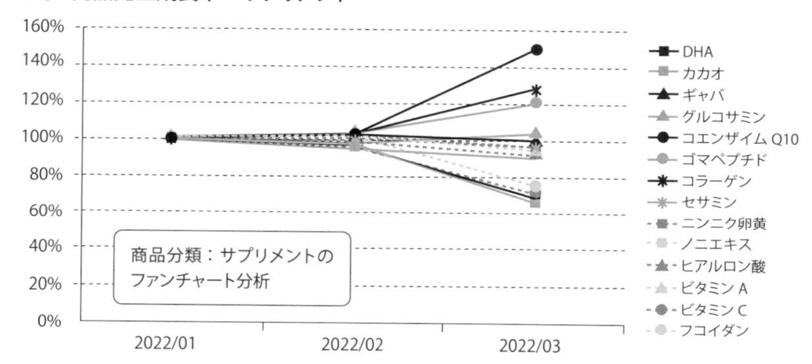

1Q　商品売上成長率　健康飲料

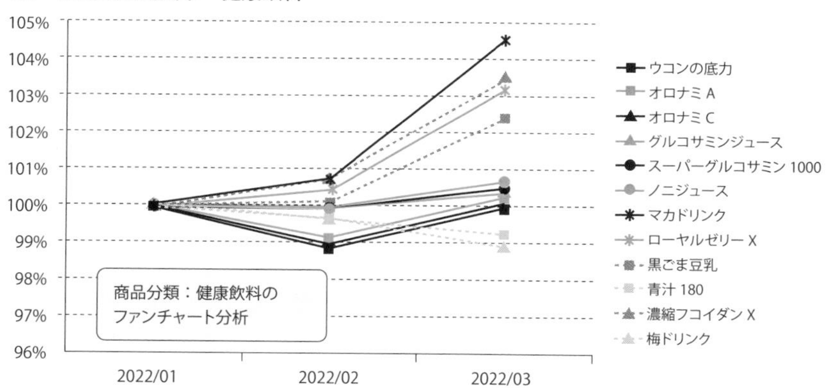

1Q　商品売上成長率　その他食品

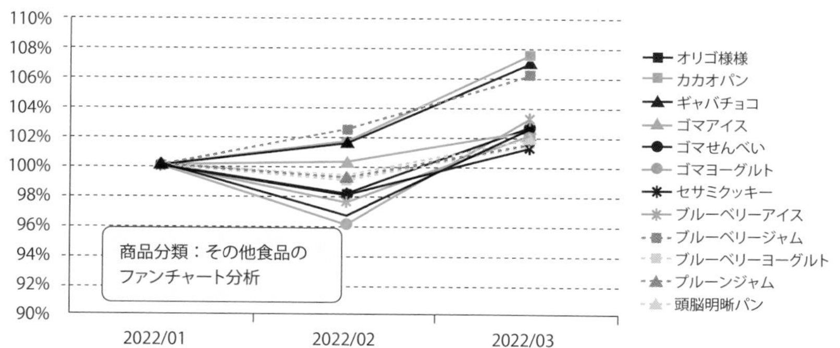

この結果A社では、下の２つの条件のいずれかに該当する商品を４月以降も売上の拡大が見込めると判断し、重点商品と認識しました。

- 売上ランキング20位までで、ここ3ヶ月の売上が伸張傾向であるもの
- 売上ランキング20位未満でも、ここ3ヶ月の売上の伸び率が際立っているもの

売れ筋商品でも比較的売れていないところを探す

次に、売れ筋商品をさらに売る余地があるかどうかを調べます。A社の営業部は、次の表のように販売チャネルごとに課が編成される組織構造になっています。

課	担当する販売チャネル
営業１課	薬局
営業２課	コンビニ
営業３課	スーパー
営業４課	ネット通販

各部門の販売方針・方策や市場の動向によって売上に差が出やすいのではないかと推測し、まずチャネル別の売上に着目することにしました。改善の即時性が期待できないネット通販を除いた３つのチャネルごとで重点商品に絞った売上集計にバラつきがあるかどうかを確認します。（図12-3）

12-3 チャネル別の重点商品の売上集計

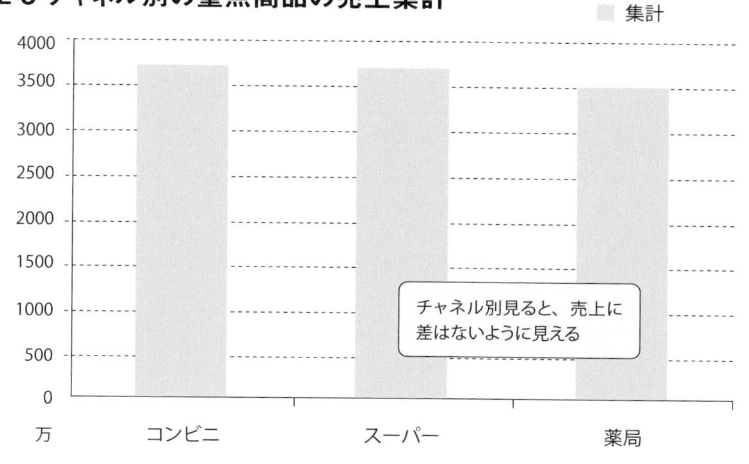

重点商品に絞った売上集計の順位は、コンビニ ⇒ スーパー⇒ 薬局の順ですが、各チャネル間に大きな差がないように見受けられます。

さらに重点商品ごとの売上に分解してみます。(図12-4)

12-4 チャネル別重点商品別の売上集計

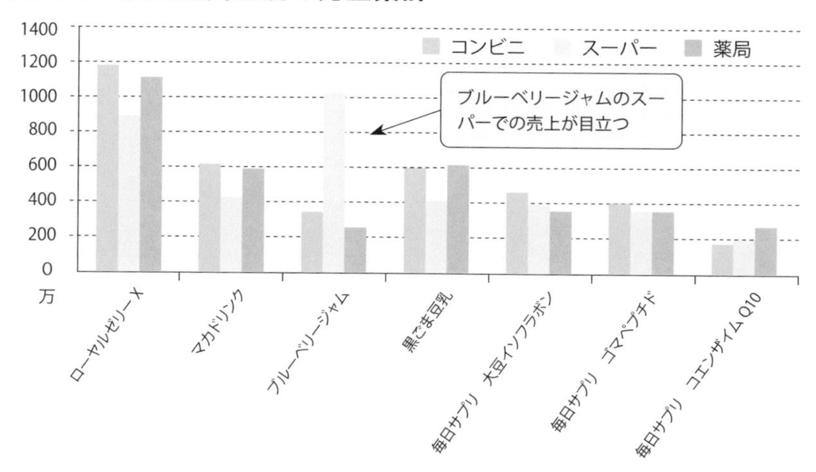

スーパーでは、商品“ブルーベリージャム”の売上が突出して目立っていますが、他の重点商品は比較的売れていないのが見受けられます。商品の抽出条件から“ブルーベリージャム”をはずし、再度、重点商品全体のチャネル別売上を見ると、スーパーの売上が最下位となり、他のチャネルと大きく差がついています。(図12-5)

12-5 ブルーベリージャムを除くチャネル別の重点商品の売上集計

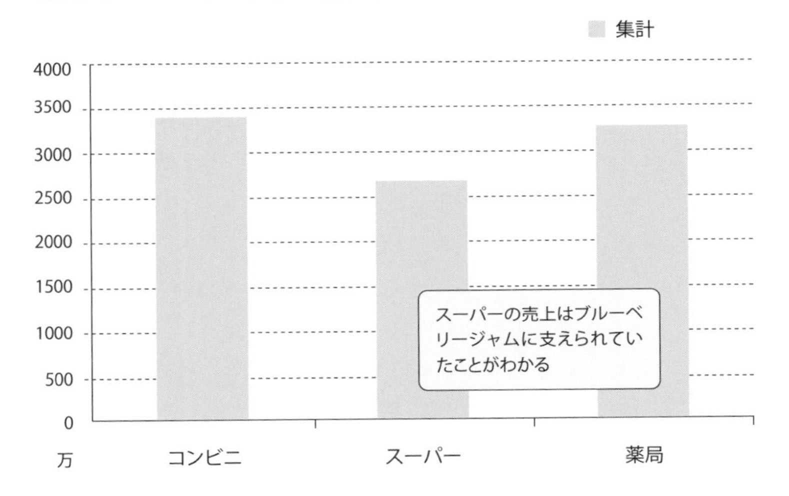

スーパー担当の部門での“ブルーベリージャム”の販売結果は偶然なのか必然なのか、その他の重点商品の売上の差に何か理由があるのか、調査の余地がありそうです。

対応策の検討

これらの結果を受け、各担当部門に聞き取り調査をしたところ、薬局とコンビニの担当部門では、重点商品は昨年の売上実績から期待できる商品と仮定し期初から売り込みをかけていました。しかし、スーパーの担当部門ではそのような認識はまったくありませんでした。改善策として、スーパーの担当部門に重点商品の周知徹底を行い、他業態での売上の成長率に関するデータを携え、売り込みをかけるよう指示しました。

一方、“ブルーベリージャム”は、商品の性質上、コンビニ・薬局での売上向上を狙うのは非効率と判断し、販売強化の対象にはしないことにしました。

上期終了後の評価

上期終了後の7月初頭に、売上の進捗確認のための経営会議が行われました。逐一販売業務において進捗を確認し、（重点商品の販売強化など）打ち手を繰り広げたことで、全体での売上は、比較的余裕を持って予算達成を果たしました。（図12-6）

12-6 上半期予算実績対比表

チャネル	区分	1月	2月	3月	4月	5月	6月	上期計
薬局	予算	72,000,000	72,000,000	75,000,000	76,000,000	77,000,000	76,000,000	450,000,000
	実績	92,191,200	87,479,800	85,462,700	77,042,720	77,117,520	73,247,120	492,541,060
	達成率	125%	121%	114%	101%	100%	96%	109%
コンビニ	予算	73,000,000	70,000,000	73,000,000	73,000,000	75,000,000	73,000,000	437,000,000
	実績	69,778,700	74,767,700	68,340,400	79,232,900	82,473,550	82,242,250	456,835,500
	達成率	96%	107%	94%	109%	110%	113%	105%
スーパー	予算	90,000,000	88,000,000	92,000,000	88,000,000	90,000,000	91,000,000	539,000,000
	実績	86,564,000	85,610,900	88,276,400	85,678,100	88,414,640	93,191,860	527,735,900
	達成率	96%	97%	96%	97%	98%	102%	98%
ネット通販	予算	100,000,000	100,000,000	100,000,000	100,000,000	100,000,000	100,000,000	600,000,000
	実績	102,844,800	103,330,300	102,486,800	103,852,300	103,749,550	102,819,550	619,083,300
	達成率	103%	103%	102%	104%	104%	103%	103%

部門別に見ると、薬局部門は109%、コンビニ部門105%で、スーパー部門は98%、ネット通販は103%でした。

この結果だけからするとスーパー部門のみに問題があり、他は安泰のように感じられます。

しかし、予算実績対比表のうち、達成率を月別の推移グラフで確認すると、スーパー部門は途中からの頑張りにより、少しずつ上昇し、6月は達成率が100%を超えています。(図12-7)

12-7 チャネル別の売上予算達成率推移

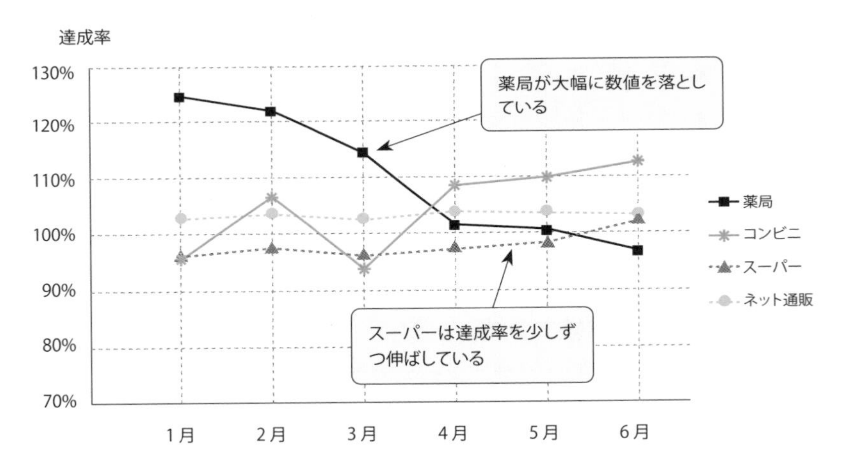

それに対して、薬局は、1～3月にかけて大きく予算を達成していますが、4月以降は目に見えて達成率が減少しています。このことから2つの仮説が考えられます。

ひとつは、薬局市場での売上傾向が下降気味であり、下期以降の薬局市場の販売活動は苦戦を強いられそうだという見方です。

もうひとつは、目標の達成度合いによる業績評価と報酬制度によって、薬局担当の部門が売上自体をセーブしたという見方です。つまり、達成率100%以上は報奨金がいくら、80%から99%までならいくら、というふうに半期ごとに決まっていたとすると、ある一定の金額以上に売り上げても報奨金に変わりがないので、下期に回す、もしくは手を抜くといったことも考えられます。

両者とも根の深い問題ですが、前者の場合は、さらに注意深く市場を分析し、次の打ち手を考えねばなりませんし、後者の場合、評価制度や報奨制度のあり方を見直し、営業部の意識改革を行う必要があるという結論に至るでしょう。

ケーススタディのポイント

このケーススタディのポイントは、PDCAサイクルをフレームとして分析活動が行われている点にあります。

目標値（PLAN）はすでに期首に設定されているところからスタートし、現状の把握（DO）、問題点の発見（CHECK）、解決策の立案（ACTION）、半期次の業績評価（CHECK ～ ACTION）という流れで分析が行われています。

先のケースは部門レベルのサイクルを中心としており、業績評価の部分は会社レベルのサイクルです。アウトプットの使用すべき場面や手順が明確化するため、これも使われ得るシステムとして大きく前進する要因となるでしょう。

PDCAサイクルは、上位概念として会社レベルのサイクルが存在し、その下位に部門レベル（さらに下位に担当者レベル）のサイクルが複数存在します（図12-8）。

12-8 階層別の PDCA サイクルのリンク

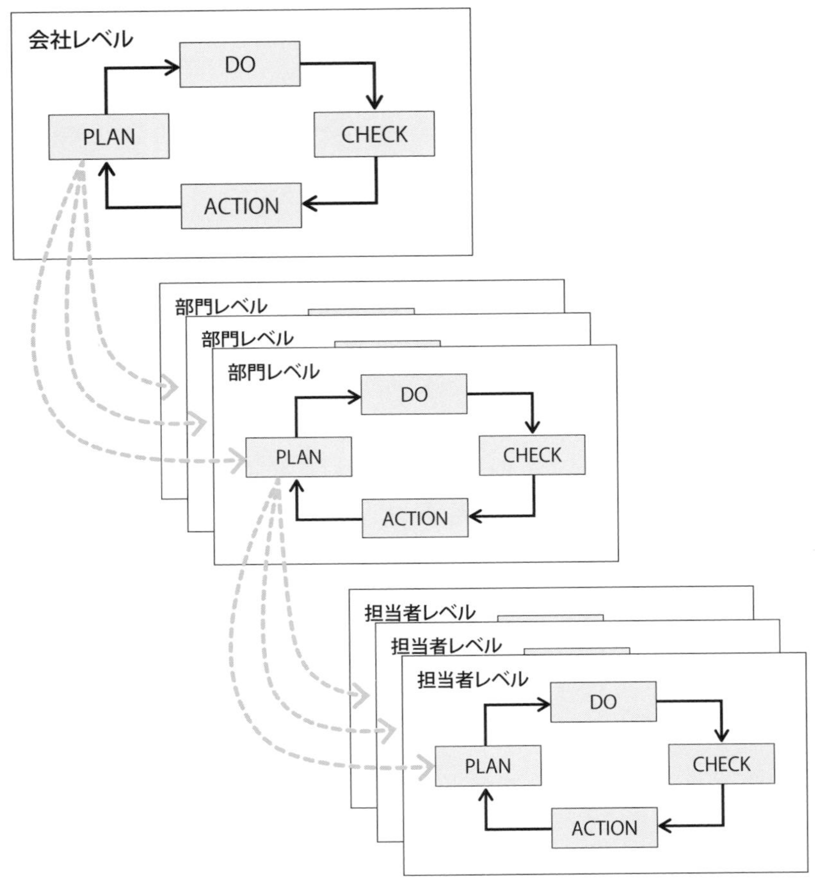

下位レベルにおける目標値は、上位レベルの目標の一部分を形成する形で、全体と整合性が取れていることが理想です。

システム構築以前に、このような業務管理の仕組みが整備されていることも分析活動の成功における大きな要因となることも付け加えておきます。

第2章
コストを減らすためのデータ分析

01 以前の経費と比べる
経費対前期比分析

見るべきポイント

交通費、交際費、広告宣伝費などの科目ごとの以前のデータを基準として、今年度の金額が多いか少ないかを判断することができます。

売上と同じように、経費についても以前の同じ時期と比べるのが、最近の傾向を見る上で一番簡単で一般的な方法です。

ただし、経費の場合は全体の金額で比較しても、傾向や対策をはっきりとつかむことは難しく、交通費、交際費、広告宣伝費といった個々の経費科目に分けて比較することが重要です。

例えば、昨年度と今年度の経費科目ごとの金額を棒グラフで比較し、これに昨年度と今年度の金額の比率（対前年度比）を線グラフで重ねれば、よりはっきりと傾向がつかめます。図1-1では、採用関係費と交際費が著しく増加していることがわかります。

採用関係費の場合、この会社が今年度の採用者数を増やしているのであれば、この増加は納得がいきますが、そうでない場合は、採用のやり方に何か問題が生じている可能性があります。

交際費の場合、営業担当者の増員といった理由がない限り、この増加には、組織や個人レベルでの交際費の使用方法に問題があることになります。

1-1 経費対前期比分析の例

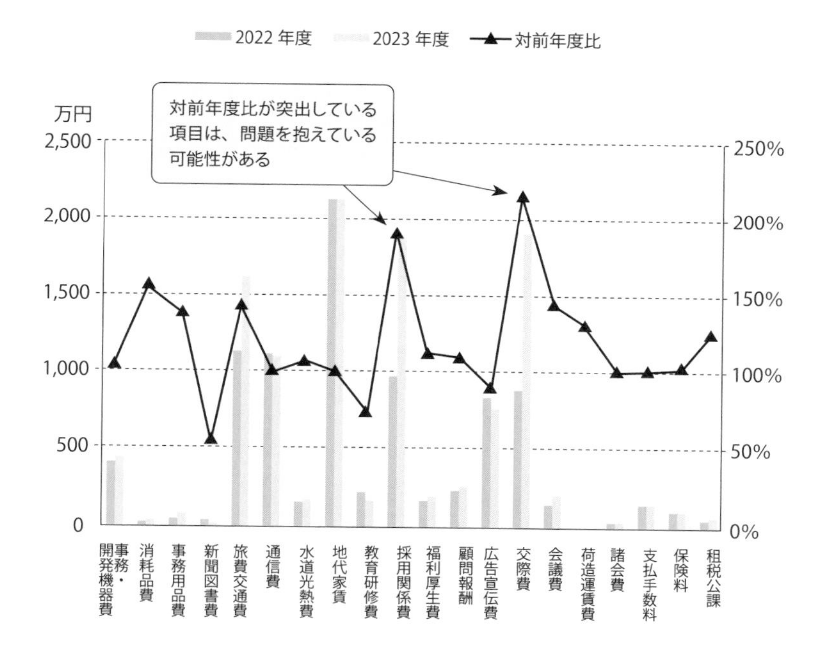

02 経費目標の達成度を見る

経費予実比分析

見るべきポイント

ある期間内の予算に対する達成率を科目ごとに把握することができます。

予算は、経費においても比較基準の代表格です。経費の場合、科目によっては月ごとの予算値を割り出すのが難しいため、半期、年度という期間の総額で管理するのが一般的です。

そのため、予実比も期初からの累計値で計算する方が、現在の状況をより正確に把握することができます。

図2-1は、科目ごとに6ヶ月間の実績の累計金額を年度予算金額と比較したものです。

2-1 経費予実比分析の例

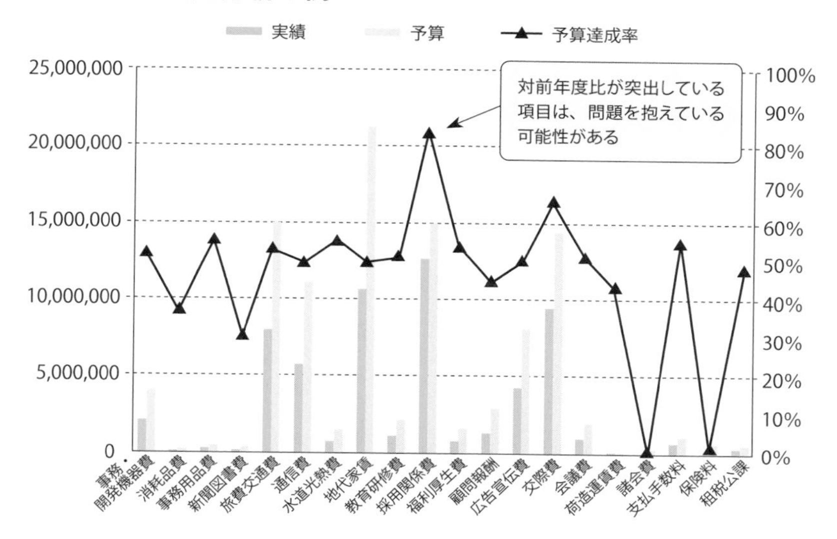

この図の線グラフで表示されているのは、6ヶ月間の実績累計金額が予算金額に占める割合の値で、この数字を予算達成率と呼びます。この例では、1年間の予算に対して6ヶ月の実績ですから、おおむね50%の達成率が標準となります。

ほとんどの科目の達成率は50%前後で問題ありませんが、採用関係費と交際費が突出して達成率が高くなっています。

そこで、この2つの科目について、より詳しく分析してみましょう。

図2-2は、採用関係費について月ごとの実績累計、予算累計、予算達成率をグラフにしたものです。

2-2 月別累計金額と予算達成率（採用関係費）

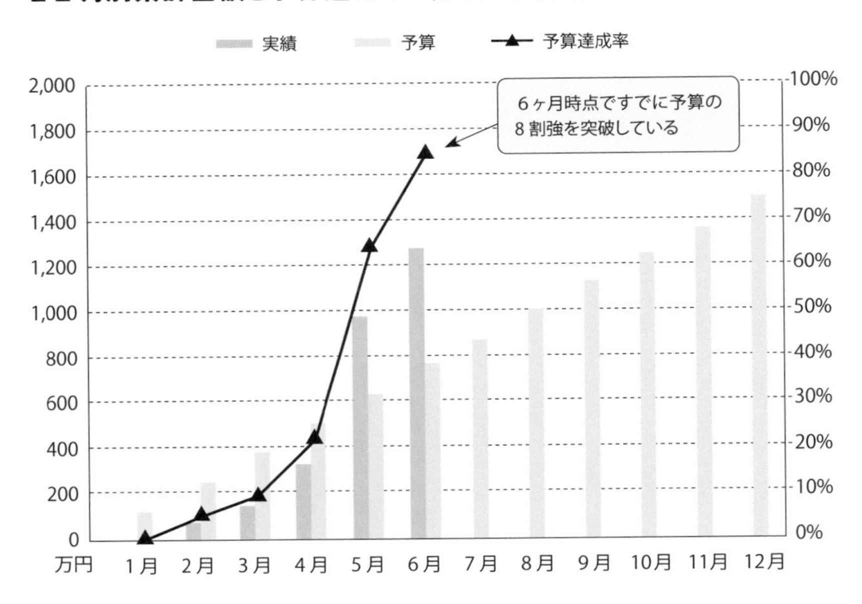

4月まではあまり予算を消化していませんでしたが、5月、6月で急激に予算を消化して、すでに年度予算のほとんどを使ってしまっていることがわかります。

採用活動は、必ずしも年間を通じて一定の割合で行われるものではありませんので、このような一見異常に見える予算達成率の変化が必ずしも悪いとは限りません。

しかし、採用担当者の年間計画と照らし合わせて、年度を通じて予算を超過しないような見通しをつけておく必要はあると思われます。

次に、交際費についても同じようなグラフを作成してみましょう。(図2-3)

2-3 月別累計金額と予算達成率（交際費）

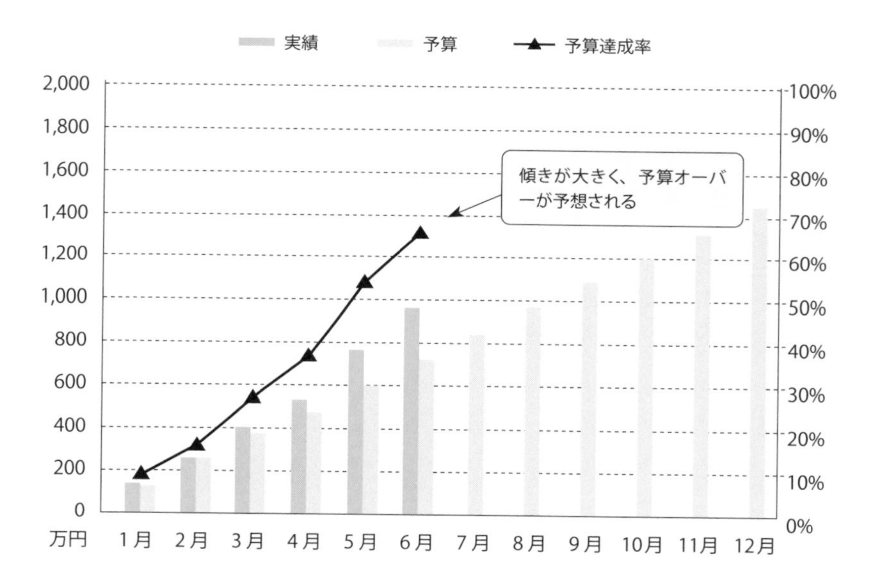

明らかに、期初から毎月予算を超過し続けており、交際費の予算管理に問題が生じているといえます。このままでは、年度を通じても予算を大幅に超過することは確実と思われますので、何らかの対策が必要となります。

03 重要度の高い経費を見つける

経費ABC分析

見るべきポイント

A、B、Cという3つのランクに分けて、重要度が高い科目と低い科目で管理方法を変えることで、重要な科目ほど重点的に管理することができます。

第1章で学んだABC分析は、経費についても応用することができます。図3-1は、経費ABC分析の結果を表形式にまとめた例です。

3-1 経費 ABC 分析結果の表

経費科目	績金額	計金額	費構成比累計	
地代家賃	21,271,422	21.271.422	19%	
交際費	19,044,382	40,315,804	36%	
採用関係費	18,436,000	58,751,804	53%	A
旅費交通費	16,023,284	74,775,088	67%	
通信費	11,055,058	85,830,146	77%	
広告宣伝費	7,513,335	93,343,481	84%	B
事務・開発機器費	4,115,771	97,459,252	88%	
顧問報酬	2,430,000	99,889,252	90%	
会議費	2,003,460	101,892,712	92%	
福利厚生費	1,629,728	103,522,440	93%	
水道光熱費	1,602,901	105,125,341	95%	
教育研修費	1,471,734	106,597,075	96%	
支払手数料	1,303,155	107,900,230	97%	
保険料	775,070	108,675,300	98%	C
事務用品費	661,922	109,337,222	99%	
租税公課	557,800	109,895,022	99%	
消耗品費	356,711	110,251,733	100%	
諸会費	294,500	110,546,233	100%	
新聞図書費	173,734	110,719,967	100%	
荷造運賃費	65,957	110,785,924	100%	

この表で見ると、経費科目「地代家賃」から「通信費」までがAランク、「広告宣伝費」と「事務・開発機器費」がBランク、残りがCランクとなります。

次にこの結果をパレート図にしてみます。(図3-2)

3-2 経費 ABC 分析結果のパレート図

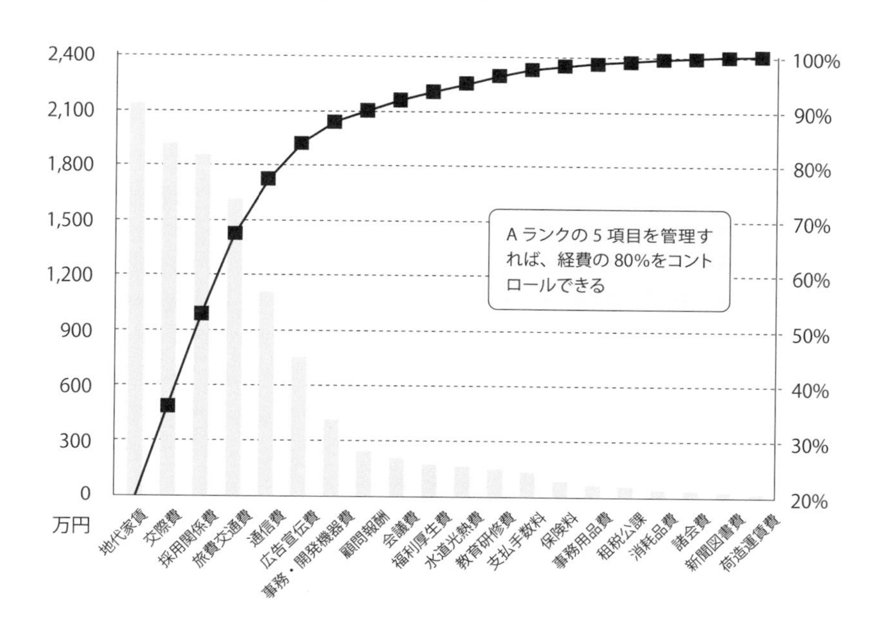

パレート図の形状は、「標準型」、「集中型」、「分散型」の３つのタイプに分かれることを第1章で学びましたが、この例では、比較的少ない項目で構成比累計が上昇しているため、「集中型」であることがわかります。

したがって、このような経費の構成を持つ場合は、構成比の高い少数の経費科目に対して綿密な管理を行っていくことが重要といえます。

04 急激な変化を見つける
経費ファンチャート分析

見るべきポイント

基準となる時点から、経費科目の変化を率で見るため、急激に増加している経費科目を見落とすことなく把握することができます。

経費ABC分析では、重点的に管理すべき経費科目を構成比から見つけ出しました。しかし、経費科目の中には、金額は少なくても、最近急激に増加している項目があるかもしれません。このような今後注意して管理すべき経費科目を発見するのが経費ファンチャート分析です。

ファンチャートは、第1章で学んだとおり、ある基準となる時点を100%とし、それ以降の数値を基準となる時点に対する百分率で表示し、折れ線グラフで表したものです。したがって、金額が小さくても、急激に増加している経費科目を見落とさずに把握することができます。

次ページの図4-1は経費ファンチャート分析の例です。

このグラフを見ると、ここ3年間で大きく増減している経費科目が一目でわかります。

まず、修繕保守費ですが、2021年度にいったん大きく増加したものの、2022度ではほぼ2020年度の水準に戻っています。これは、2021年度に何か設備関係で大きなトラブルが発生し、その修理費用が高くついたというようなことが考えられます。

したがって、今後の経費予算管理の方針として、通常年度並みの予算を確保すればいいのか、あるいは、突発的な費用の発生も想定して予算を組むのがいいのか判断が必要です。

もうひとつは、販売委託費です。これは、何か製品を販売する際に、今まで直接販売のみだったものが、どこかの代理店に委託するようになり、その販売実績が増加してきている可能性が考えられます。

このような場合、予算管理の考え方としては、その代理店の販売目標を入手して、それに見合う販売委託料を予算として組み込む必要があります。

4-1 経費ファンチャート分析の例

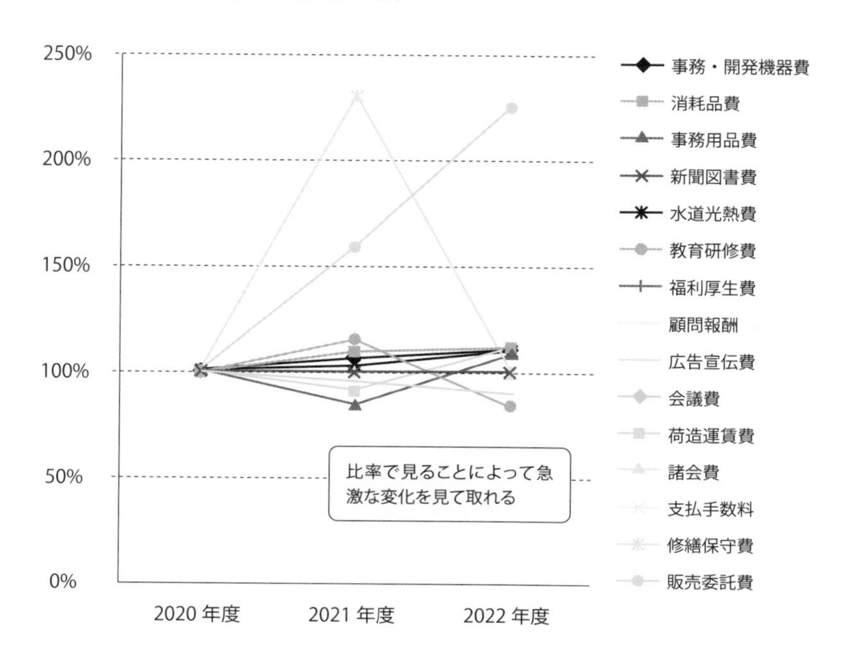

05 経費の配分を適正にする

経費配賦

見るべきポイント

経費科目の中には、製品別、組織別といった各セグメントに分類できないものがありますが、一定の基準を定めることで、基準にしたがって割り振ることができるようになります。

第1章で、データをさまざまな角度から分析する多次元分析について学びましたが、経費についても多次元分析の考え方を用いて、組織別、製品別といったセグメント別の経費を計算して管理することは有効です。

しかし経費の場合は、経費の中身が必ずしも組織や製品といったセグメントに分類できない場合が多く、売上のように単純に多次元分析を行うことができません。

例えば、交通費、交際費といったような科目は、組織別には分類できますが、製品別に分類することは難しいと思われます。

反対に、開発機器費、販売委託費といったような科目は、製品別には分類できても、組織別には分類できない可能性があります。

さらに、地代家賃、水道光熱費といったような科目は、組織別、製品別のいずれでも分類することができません。

そこで、経費に対して多次元分析を行うためには、このような科目の金額を配賦（はいふ）する必要があります。

配賦とは、対象が明確ではない経費科目に関して、各製品や各組織に一定の割合で割り振って経費をチャージすることをいいます。

配賦を行なう際に、配分に利用する一定の割合のことを「配賦基準」といいます。配賦対象はいわゆるセグメントであり、部門、製品、顧客、プロジェクトなどです。

配賦基準となるのは、これらの配賦対象となるセグメントが持つ何らかの数値項目です。

例えば、売上高の比率や、所属する人数比・人件費比、使用した作業時間比などが挙げられます。

また、使用する配賦基準は、配賦元となる経費科目によって適切なものが選択されることになります。配賦元の経費科目と何らかの関連を持つ（または想像させる）ものを使用するのが一般的です（図5-1）。

5-1 配賦処理のイメージ

分類できない経費は、基準を作り、割合を決めて、各部門に割り振る

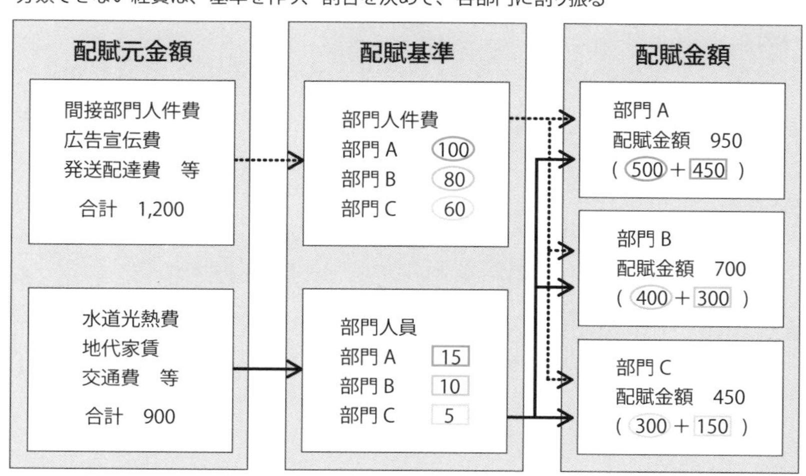

次に示すのは、部門別に配賦をする際の組み合わせの例になります。

科目	配賦基準
通信費	各部門に設置されている電話・パソコンの台数
地代家賃	各部門が占めるフロアの面積
管理部門人件費	各部門の人件費の総額

配賦は、経費のチャージを簡単にするための方法であり、経費の発生元とチャージ先の対応についての実態を正しく表わしているわけではありません。

配賦元の金額が小さい場合は気にならなくても、金額が大きくなれば配賦先の対象と関連する部門や担当者は不公平さを感じることになります。

第3章

在庫を最適化するためのデータ分析

01 在庫の効率を調べる 在庫回転率分析

見るべきポイント

一定期間内に、在庫が効率よく売上になっているかどうかがわかります。

在庫回転率とは、効率性を分析する指標のひとつで、一定期間（1年、半期、四半期、ひと月など）に在庫が何回入れ替わったかを示します。

回転率の値が大きいほど、入庫してから販売による出庫までの期間が短く、在庫が効率よく売上に変わっていることになります。逆に回転率の値が小さいほど、在庫として倉庫にある状態が長く、倉庫費などの保管料がかかり、売れ残りのリスクが高くなっているということになります。

ただし、在庫回転率は業種や製品などによって異なるので、消耗品の歯ブラシのようなものと耐久品の懐中電灯などを単純に比較することはできません。在庫回転率を比較する際には、その商品の特徴や売れ方を十分に考慮する必要があります。

在庫回転率は、以下の計算式で求めることができます。

在庫回転率＝売上原価÷平均在庫高

この式の中の売上原価は、在庫回転率を求める期間内に販売された分の売上原価の合計です。また、売上原価ではなく、売上高を使用することもあります。

一方、平均在庫高は、期間最初の在庫高と期間最後の在庫高を合計して、2で割った数値です。また、平均在庫高ではなく、期間末時点の在庫高を使用することもあります。

平均在庫高は、下の表のように計算します。

	2020年							
	1月	2月	3月	4月	5月	6月	7月	…
期首在庫高 期末在庫高 ↓ 平均在庫高	80,000 100,000 ↓ 90,000	100,000 120,000 ↓ 110,000	120,000 90,000 ↓ 105,000	90,000 100,000 ↓ 95,000	95,000 135,000 ↓ 115,000	135,000 150,000 ↓ 142,500	150,000 …	

同じく在庫の効率性を分析する指標に「在庫回転期間」があります。在庫回転期間は、在庫を何日分持っているかを示した指標で、在庫回転率の逆数となり、以下の計算式で算出されます。

在庫回転期間（日数）＝在庫高÷（売上原価÷365）

在庫回転期間は、上のように日ベースで表す「在庫回転日数」、月ベースで表す「在庫回転月数」、年ベースで表す「在庫回転年数」がありますので、どの期間をベースとして算出したものなのか、値を利用するときには注意が必要です。

在庫回転期間も在庫回転率と同じく明確な基準値といったものはなく、薄利多売の業種では在庫期間は短く、利益率の高い商品の在庫回転期間は長くなる傾向があるようです。同じような商品で比較した場合は、在庫回転期間が短いものが、在庫が効率よく売上に変わっていることになります。

商品・場所で効率を調べる

在庫多次元分析

見るべきポイント

分析軸を設定することで、商品・場所ごとに在庫の効率性を把握できます。

多次元分析は、在庫データについても有効です。

在庫データの多次元分析を行う場合に、一般的によく用いられる次元（分析軸）は商品と場所です。

商品別在庫分析は、在庫分析の基本中の基本で、商品ごとに在庫数や在庫金額の推移を見たり、一定期間内での在庫回転期間や回転率を見ます。品目と時間軸のみで見ることで需要と供給のバランスを確認することができます。また、図2-1のように月別推移を見ることで、季節による在庫の変動が明らかになります。

2-1 商品別在庫分析の例……商品別在庫高推移

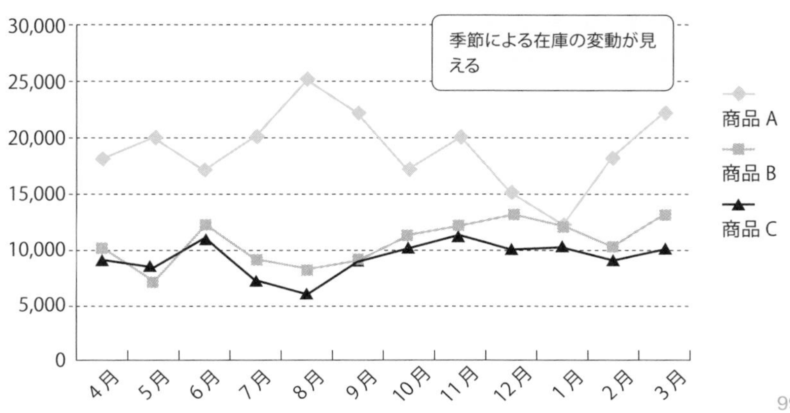

さらに図2-2のように在庫回転月数など、売上高とのバランスを量る指標と一緒に見ることで、在庫量が適当であるかの判断が可能となります。

2-2 商品別在庫分析の例……商品別在庫回転期間

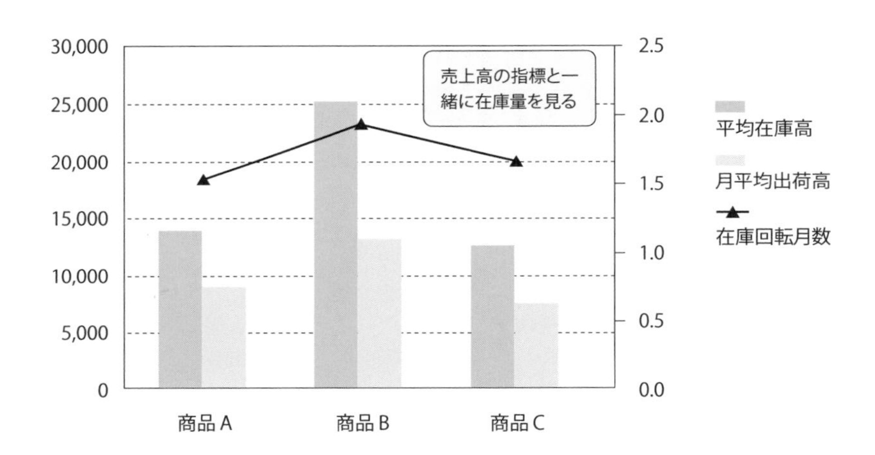

場所別の在庫分析は、拠点や倉庫単位でのオペレーションの効率を見ることが主目的です。

在庫量の大小のみで良し悪しは測れないため、これも在庫回転期間や回転率を拠点単位で比べて、効率の良し悪しを測ります。

効率が悪いと判断された拠点は、さらにその拠点内での商品別在庫分析まで掘り下げることで、効率の悪い商品を見つけ出すことができます。

また、該当商品の他の拠点での状況を見ることで、拠点のオペレーションの問題か、商品自体の需要の問題かを検討することもできます。

2-3 倉庫別在庫分析の例……倉庫別在庫回転期間

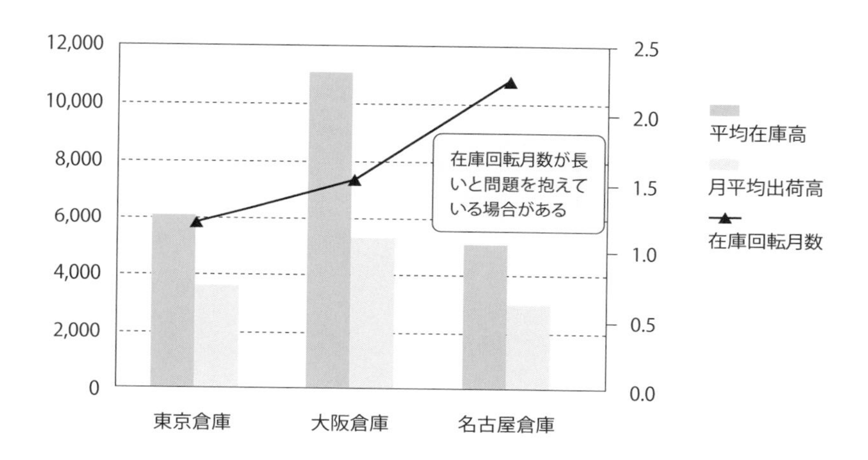

2-4 倉庫別在庫分析の例……東京倉庫の月別在庫回転期間

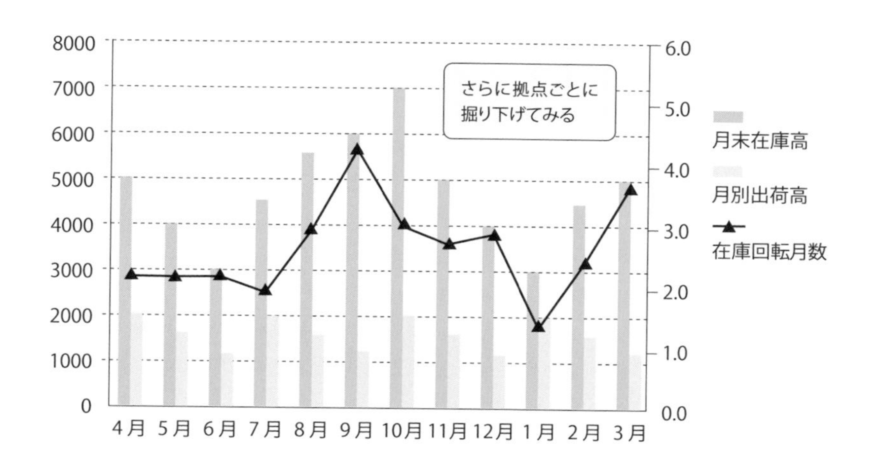

03 重要度の高い在庫を見つける

在庫ABC分析

見るべきポイント

在庫高でA、B、Cというランキングをつけることで、重要度の高いものに管理を集中し、経営資源を有効に使えます。

多次元分析と同じく第1章で学んだABC分析も、在庫データに応用することができます。

在庫高の高いものから順に並べ累計額を計算して、全体の80%を占めるに至ったところまでの品目をAランク（主力）、90%までをBランク（準主力）、残りをCランク（非主力）とし、ランクごとに扱いを変えるといった具合に活用することができます。

重要度の高いものに管理を集中して、限られた経営資源を有効活用することがこの分析手法の主な目的です。

3-1 在庫ABC分析の例

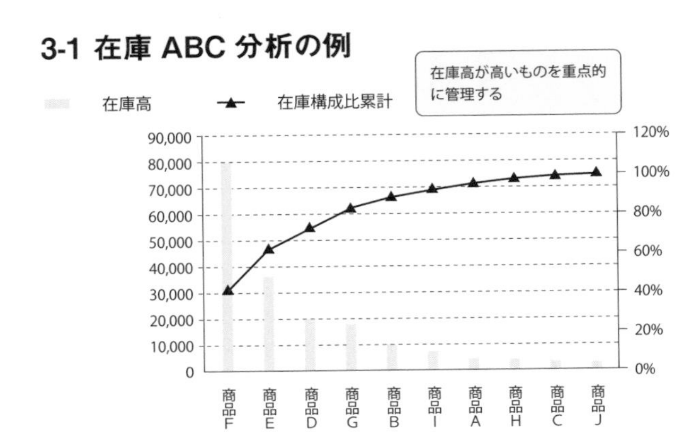

04 問題児になっている在庫を探す

滞留在庫分析

見るべきポイント

売上高、在庫金額、在庫回転数のバランスを見ることで、売上に貢献していない在庫を発見したり、在庫管理が目標通りにできているかがわかります。

滞留在庫とは、長い間倉庫に留まっている在庫です。主に売れ残り商品などで、もはや適正価格で販売することが難しい、会社にとっては問題児です。

売上に変えることが難しいうえに、倉庫のスペースをムダに使用し、保管料もかかるので、早く何とかするべき対象となります。

滞留在庫分析は、商品の売上高（出荷高）と在庫金額、在庫回転月数（在庫回転日数）のバランスを視覚的に表わすことで、在庫の全体的な傾向を見ることができます。

図4-1は、X軸に在庫回転月数を、Y軸に在庫金額を置き、バブルの大きさで年間売上高を表わしています。バブルが右に行けば在庫回転月数が長く、上に行けば在庫の金額が大きい在庫ということを示します。

つまり、削減対象となる在庫は右上あたりに位置し、バブルも小さいものということになります。

この図で、在庫回転月数4.0ヶ月、在庫高7000に該当する商品は削減対象といえます。

また例えば、在庫回転月数の日標水準を1.5ヶ月と設定しておいた場合、バブルがX軸の1.5付近に固まっていれば、在庫管理全体がうまくいっているといえます。左右どちらかに散在していれば、在庫管理全体がうまく統制されていないことがわかります。

4-1 滞留在庫分析の例

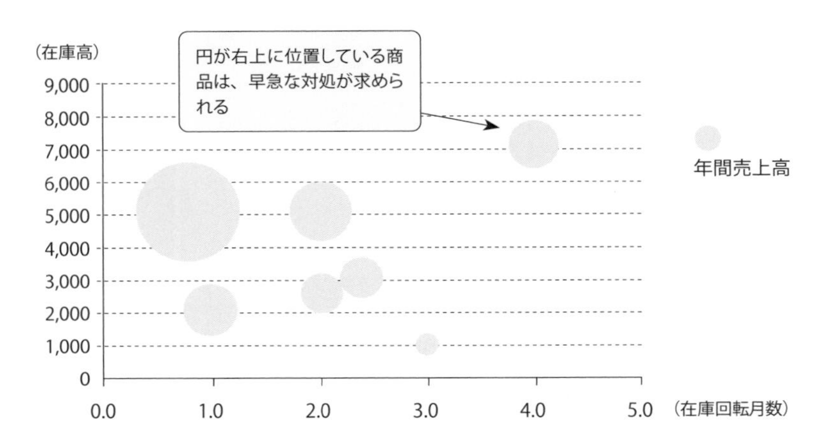

在庫と利益のバランスを取る

販売効率分析

見るべきポイント

商品の利益率が高いか低いか、 回転率がいいか悪いか、 またその2点のバランスを見ることで、 商品が会社の利益に貢献しているかがわかります。

会社が扱う商品には早く売れる商品とそうでない商品、利益が出ている商品とそうでない商品が混在しています。

多くの品目を扱う製造業や流通業では、個々の商品が会社の利益にどのように貢献しているかを把握することがとても重要なことになってきます。

利益の低い商品を多数取り扱っていて、しかもそれぞれが在庫過剰であれば、利益率は低くなり、資金繰りも悪化します。

利益率が高く、回転率のいい商品を販売することが最も効率的なのですが、一般的に売れ行きが早く回転率がいい商品は粗利益率が低く、利益率が高い商品は回転率が遅くなります。

そこで、回転率と利益率のバランスの良さから商品の販売効率を判断し、商品構成に生かすといったことを行ないます。

販売効率の分析には、交差比率を使用します。

交差比率＝在庫回転率×利益率

例えば、図5-1のような在庫回転率と粗利益率の商品に対して交差比率を求めると、図5-2のようになります。

5-1 販売効率分析の例①……在庫回転率・粗利益率

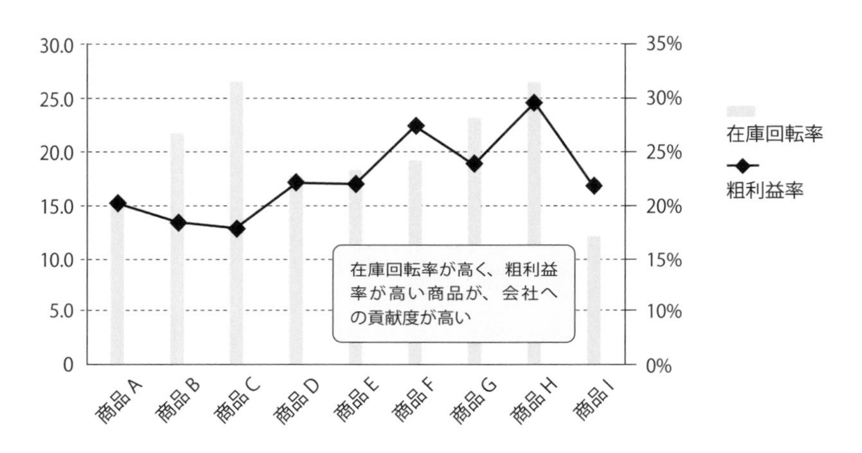

5-2 販売効率分析の例②……交差比率

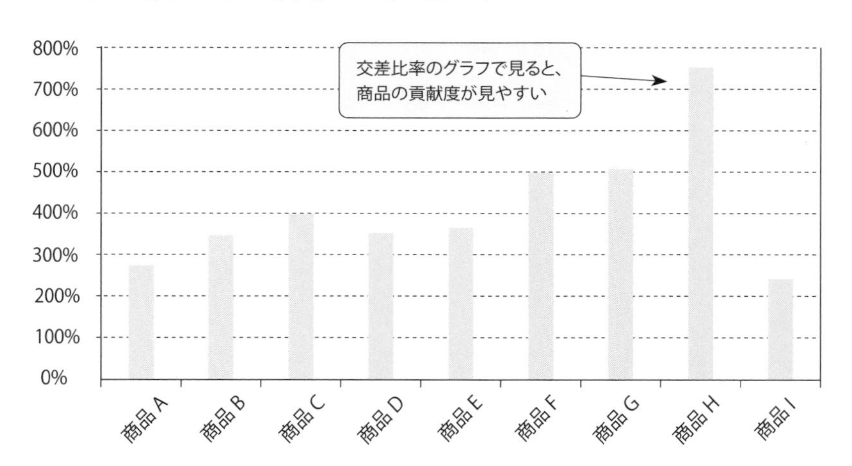

この例では、商品Ｈは交差比率が最も高いので重点商品といえ、商品Ｉは回転率が低く利益率も低いので今後商品の販売を継続するべきか判断を迫られる、ということがわかります。

06 ケーススタディ 在庫編

ここからは、第1章と同じく健康食品を製造・販売するメーカーであるA社の話をもとに在庫分析にまつわるケーススタディを行い、在庫を最適化するためのデータ分析のイメージをつかみましょう。

分析の背景

販売管理業務において分析活動をスタートさせて一定の効果をあげたA社ですが、この不景気を乗り切るためには売上を伸ばす一方で、同時にコストを削減するための手立てを打つことも重要だと痛感しています。数あるコスト削減対象の中で在庫に関するコストも例外ではありません。

A社経営陣には、不必要に在庫が積み上がっているのではないかという思いが常々ありました。

しかし、これまでのところ客観的に状況を判断するための適切な情報が存在しませんでした。コンピュータに登録された理論上の最新在庫量や各月ごとの在庫実績はありましたが、在庫の数量や金額を見ただけでは良し悪しの判断が難しく、カンで"昨年よりも多いのでは""売上に比べ在庫が多いのでは"と思いを巡らせる程度でした。

そこで、データを活用し、適切な在庫量なのかどうかを判断できるような状態にし、不必要なものは削減する方向でコスト削減を実現するようにという指示が、関係する部門の責任者に出ました。

経営課題と分析要件

A社では当面の経営課題として、“コスト削減活動の一環として在庫削減を重点に置く”ということを掲げました。

在庫を減らすことで、在庫管理費用の低減、減価・廃棄ロスの回避、資金繰りの改善などに効果があると考えられたからです。

それらを実現するために、分析要件として以下のようなものが挙げられました。

①経営陣がマクロ的に在庫の状況を把握できる
②問題箇所を場所、品目、時期ごとに掘り下げて分析できる
③良し悪しを把握しやすくするために、在庫量を期間（月数）で表わす

これらを実現するためにA社では、在庫データを月次のタイミングで入手し、在庫多次元分析などから得られるデータやグラフを中心に分析のイメージを固めることにしました。

分析活動の詳細

マクロ的な把握（現状分析）

まずは、会社全体での在庫効率を見ます。過去3年間の在庫高推移を見るとやはり年々在庫水準が高くなってきていることが見て取れます。（図6-1）

6-1 年度別の在庫高推移

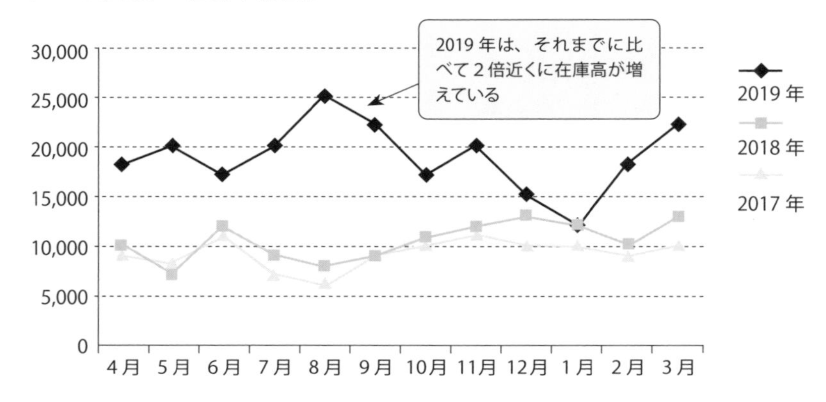

しかし、売上高に比例していることも考えられるので、これだけでは良し悪しを判断できません。

そこで2019年度の在庫回転期間を月別の推移で見ることにします。(図6-2)

6-2 月別の在庫回転期間推移

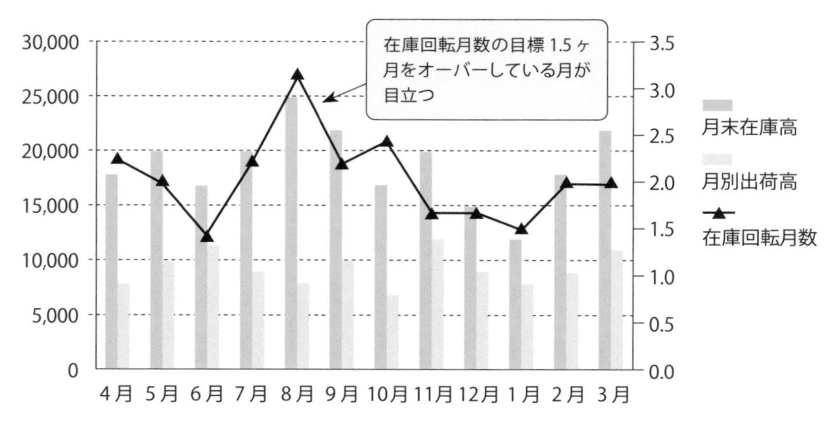

A社は目標とする在庫水準を1.5ヶ月程度に抑えたいと考えていますが、月によってかなりバラつきがあり、需要に対応した在庫コントロールが全社的にできているとは言い難い状況だとわかります。

倉庫別の在庫分析

次に、問題がオペレーションにあるのか、商品の需要自体にあるのかを切り分けるために、倉庫別に在庫分析を行ないます。全体的に目標の1.5ヶ月分の在庫は達成できていませんが、特に名古屋倉庫は在庫水準が高すぎることが判明しました（図6-3、6-4）。

6-3 倉庫別の在庫回転期間

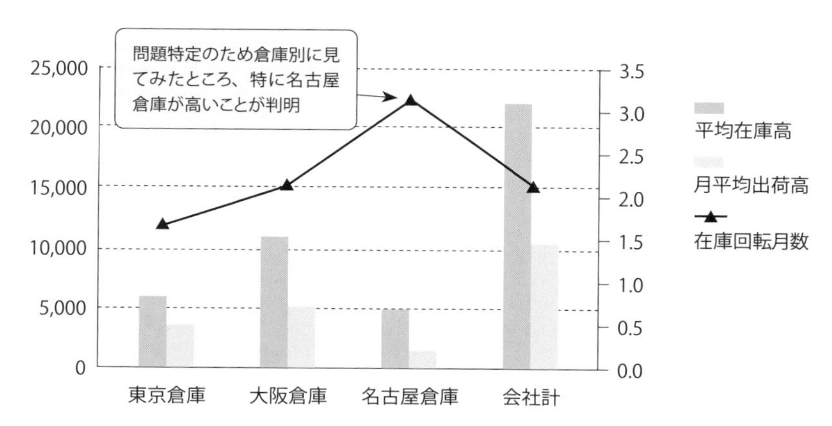

6-4 月別の在庫回転期間推移（名古屋倉庫）

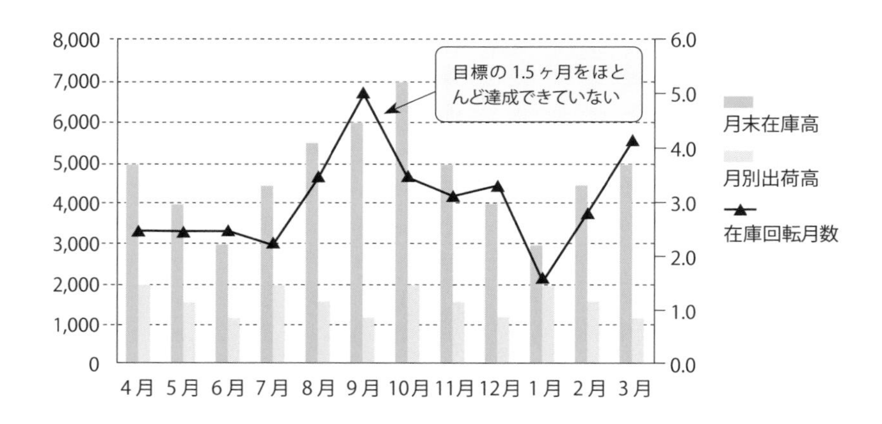

商品別の在庫分析

原因のひとつとして特定された名古屋倉庫内で、問題を裏づけるために商品別の在庫分析を続けます。

滞留在庫分析の結果を見る限り、ほとんどの商品は在庫回転月数1.5ヶ月付近から離れており、商品の補充体制に問題があるということが見て取れます。

また、売れ筋の商品に対してはむしろ在庫水準が低く（1.0ヶ月を切っている）、品切れを起こす可能性も見られます。（図6-5）

6-5 滞留在庫分析

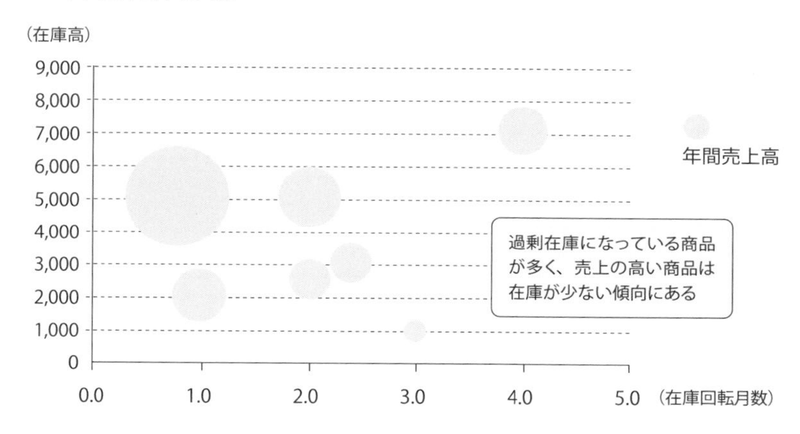

同じくABC分析にて、売上高の大きい順に並べた在庫構成比累計グラフとそれに対応した在庫高のグラフを合わせてみます。(図6-6)

すると、売上構成比と在庫構成比は一致していないことがわかり、名古屋倉庫は需要の大小によって在庫をコントロールするという大原則に従っていないことが浮き彫りになりました。

6-6 在庫 ABC 分析

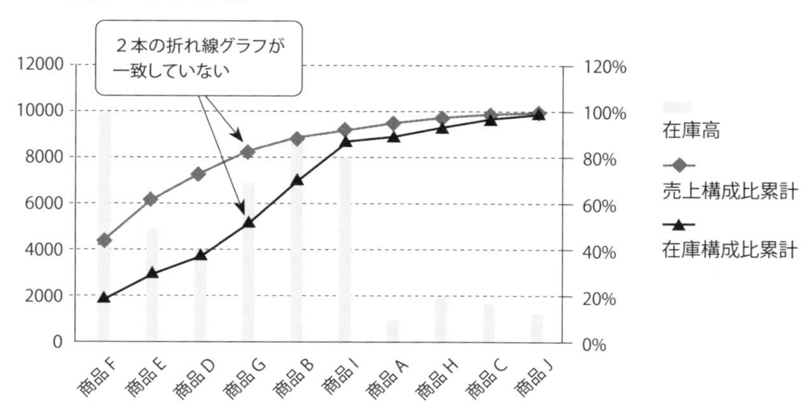

対応策の検討

A社はこの結果を受け、在庫水準の上昇傾向は商品需要の問題よりも需要に合わせた在庫の補充をしていないそのオペレーションに問題ありと判断し、在庫管理に関する指針の周知徹底を全社的に行なうことにしました。特に名古屋倉庫は重点的に行なうことで大きな改善結果を見込んでいます。

ケーススタディのポイント

今回のケーススタディにおけるポイントを2つ紹介します。

ひとつは、在庫量を在庫回転期間（在庫回転月数）を用いて表わしたことです。

一般に在庫数量・金額のみのアウトプットが多く見受けられますが、これだけでは在庫効率の良し悪しを把握できません。出荷量を加味した在庫回転期間で表わすことで、より直感的に在庫の多い少ないが判断できるようになります。

もうひとつは、同じデータでもグラフを駆使し違った角度から表現したことです。分析軸や数値項目のバリエーションは決して多くありませんが、表現方法を工夫することで多角的な分析を可能にし、判断をより正確なものにすることに貢献しています。

07 商品の需要を予測する

需要予測

見るべきポイント

商品の過去の販売実績データを使って、在庫の最適化を図るために必要な商品の需要を予測することができます。

需要予測とは、前もって売れる量を推測することですが、なぜ、推測する必要があるのでしょうか？

それは、基本的に顧客が商品を手にするまでに我慢できる時間より、調達・生産し、顧客の手に届けるまでの方が時間がかかるので、事前に在庫を準備しておく必要があるからです。

しかし、在庫は多すぎるとコスト・資金繰りに悪影響を与え、少なすぎると機会損失につながるため、事前に丁度いい量を推測し、準備しておかなければなりません。

需要予測の方法は、大きく2つに分類できます。ひとつは“統計的な予測”で、もうひとつは“人的な予測”です。

統計的な予測は、過去の実績をもとに未来の予測値を弾き出します。モデルには移動平均法、指数平滑法、回帰分析など多数存在します。

人的な予測は、顧客数や見込み客、商談や受注状況のデータを積み上げたうえで、経験とある程度のカンで予測します。統計的な予測に比べて近い将来を高い精度で予測でき、状況の変化にも対応しやすく、短いスパンで見直しができます。

ここでは、一般的な3つの需要予測の手法を紹介します。

移動平均法

少しずつ移動しながら平均を取っていく方法を、移動平均法といいます。

例えば、過去3ヶ月で移動平均を取る場合、当月（第n期）の売上予測は過去3ヶ月（第n-1、n-2、n-3期）の平均で求め、来月（第n+1期）の売上予測は過去3ヶ月（第n、n-1、n-2期）の平均で求めることを指します。

図7-1は、移動平均法の例です。この図から、計算の対象が1ヶ月ずつ移動していることがわかると思います。

直近の状況を反映しやすいという利点がありますが、過去データが多く揃っていたとしても、一部分のデータしか活用されていないということもできます。

7-1 移動平均法の例

年月	販売実績	3か月移動平均	4か月移動平均	5か月移動平均
2021/01	5,100			
2021/02	4,800			
2021/03	5,400			
2021/04	5,300	5,100		
2021/05	5,500	5,167	5,150	
2021/06	5,400	5,400	5,250	5,220
2021/07	6,200	5,400	5,400	5,280
2021/08	6,200	5,700	5,600	5,560
2021/09	5,600	5,933	5,825	5,720
2021/10	5,600	6,000	5,850	5,780
2021/11	5,400	5,800	5,900	5,800
2021/12	5,800	5,533	5,700	5,800
2022/01	予想対象	5,600	5,600	5,720
		候補 1	候補 2	候補 3

指数平滑法

前期の実績値と予測値を利用し、重みづけをした上で、今期の予測をする方法を、指数平滑法といいます。もっとも単純な指数平滑法の予測は以下の式のとおりです。

今期予測値＝a×前期実績値＋（1-a）×前期予測値
＝前期予測値＋a×（前期実績値-前期予測値）（0＜a＜1）

係数αを平滑化指数といい、この例ではαが1に近いほど直前の実績重視の予測となり、0に近いほど過去の経過を重視した予測となります。前期予測値に何を使うか明確な基準はありませんが、多くは過去の実績の平均値などを利用します。

7-2 指数平滑法の例

年月	販売実績	指数平滑（α＝0.2）	指数平滑（α＝0.4）	指数平滑（α＝0.6）
2021/01	5,100	5,525	5,525	5,525
2021/02	4,800	5,440	5,355	5,270
2021/03	5,400	5,312	5,133	4,988
2021/04	5,300	5,330	5,240	5,235
2021/05	5,500	5,324	5,264	5,274
2021/06	5,400	5,359	5,358	5,410
2021/07	6,200	5,367	5,375	5,404
2021/08	6,200	5,534	5,705	5,882
2021/09	5,600	5,667	5,903	6,073
2021/10	5,600	5,654	5,782	5,789
2021/11	5,400	5,643	5,709	5,676
2021/12	5,800	5,594	5,585	5,510
2022/01	予測対象	5,635	5,671	5,684
		候補1	候補2	候補3

回帰分析

回帰分析とは、因果関係があると思われる変数（例えば、時間や販売数量など）間の関係を、Y = a + bXといった直線の形で記述する統計手法です。

結果となる変数は1つですが、原因となる変数の数により、単回帰分析、重回帰分析と呼び分けたりします。

ここでは、期と販売実績という２つの変数を使って、回帰分析の方法をご紹介します。

下のグラフでは、期ごとの販売実績を折れ線グラフで表し、その折れ線グラフのはじめと終わりの点を結ぶことで、下記の数式で表される直線ができました。

Y = 66.084X + 5095.5

7-3 回帰分析の例

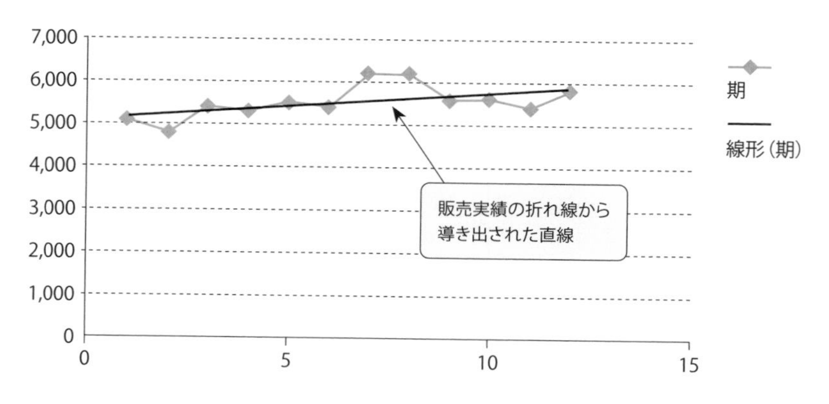

求められた直線をもとに、図7-4の表の予測対象と書かれた部分の需要予測をしてみたのが下の数式になります。

$$66.084 \times 13 + 5095.52 \fallingdotseq 5955$$

7-4 回帰分析の例（データ）

年月	販売実績	期
2021/01	5,100	1
2021/02	4,800	2
2021/03	5,400	3
2021/04	5,300	4
2021/05	5,500	5
2021/06	5,400	6
2021/07	6,200	7
2021/08	6,200	8
2021/09	5,600	9
2021/10	5,600	10
2021/11	5,400	11
2021/12	5,800	12
2022/01	予測対象	13

３つの手法の中でどれを選択すべきか、また使用されている係数にどのような値を設定すべきか検証が必要ですが、それには過去データを利用します。

過去データからそれぞれの手法で過去を予測し、すでに確定している実績値と比較した結果、一番誤差の少ない手法（もしくは係数の値）を利用するのがよいでしょう。

08 機会損失を防ぐ 安全在庫分析

見るべきポイント

需要予測によって算出された販売したい数量が決まると、 本当に必要な在庫数を割り出すことができるようになります。

需要予測の結果をもとに販売したい数量の計画が決まったら、そこから必要な在庫数を割り出します。

必要な在庫数は、販売したい数量に安全在庫数を加えたもので計算されます。

安全在庫数とは、販売計画どおりにいかなかった場合（特に計画値よりも需要が多かった場合）、品切れによる機会損失を起こさないように、あらかじめ余裕を持たせる在庫数のことです。安全在庫数は、一般的に以下の計算式で求められます。

安全在庫数 ＝
安全係数 × 標準偏差（出荷数のバラつき）× $\sqrt{\text{リードタイム}}$

この計算式で使用される安全係数をいくつにするかは、欠品率をどのくらい許容するか、あるいは、サービス率をどこまで保障するかで決まります。

サービス率とは、受注数のうち欠品を起こさず納品できる割合のことをいい、欠品率は、反対に「１ － サービス率」で表わされます。

図8-1を使用すると、想定する欠品率、サービス率から該当の安全

係数を拾うことができます。

例えば、5%の欠品率までを許容するのであれば、安全係数は1.65となります。品切れをなるべく起こさないようにするには、許容欠品率の値を小さく設定することになりますが、その分在庫量は増えることになります。

8-1 欠品率と安全係数

安全係数は、許容欠品率によって決まる

許容欠品率（%）	1	2	2.5	5	10
サービス率（%）	99	98	97.5	95	90
安全係数（a）	2.33	2.06	1.96	1.65	1.29

標準偏差は、単位期間あたりの出荷数のバラつきをあらわす尺度です。このバラつきが大きいほど余裕を持たせるための安全在庫数が多くなります。

リードタイムとは、発注をしてから納入されるまでの期間のことを指します。

1日の出荷数のバラつき（標準偏差）が10個、リードタイムが4日の商品の安全在庫数は、許容欠品率を5%とする場合、下記の式のようになります。

$$1.65 \times 10 \times \sqrt{4} = 33 \text{（個）}$$

09 生産・仕入れの数量を計算する

PSI計画

見るべきポイント

需要予測、販売計画などの数値から最適な在庫数を割り出し、常に在庫を最適な数量に保つため、どれだけ生産・仕入れすればいいかがわかります。

PSIは、生産・仕入れ（Production・Purchase）、販売・出荷（Sales・Ship）、在庫（Inventory）の各頭文字をとったもので、需給計画、製販在・仕販在計画などとも言われます。

つまり、この3つの側面（作って在庫して売る、もしくは仕入れて在庫して売る）を合わせて考え、それぞれの計画数の落とし所を探ることを意味します。

販売計画数、在庫計画数を計算した後に、実在庫数を考え、生産計画数を算出するのがPSI計画です。必要な数値をすべて一度に見やすく配置することで簡単に計算できます。

9-1 PSI 計画の例

販売計画数と安全在庫数を足した基準在庫数から月末実在庫数を引いたのが生産計画数

製品	需要予測数	販売計画数	安全在庫数	基準在庫数	月末実在庫数	生産計画数
製品 X	5,600	6,000	2,000	8,000	1,987	6,013
製品 Y	4,566	5,000	1,400	6,400	1,244	5,156
製品 Z	7,890	8,000	3,000	11,000	3,425	7,575

しかし、PSI計画は、実際はそんなに簡単ではありません。なぜなら、販売・生産・在庫に関する責任を負う部署・担当は通常別々であり、それぞれが各々の論理で行動するからです。

販売に関しては、通常では営業部門が責任を持っており、売上や粗利益・営業利益の目標数字を達成することを優先するため、品切れによる機会損失を恐れ、在庫を余分に持ちたがる傾向にあります。

一方、生産に関しては、生産部門が責任を持っており、予定通りの生産数かどうか、原価の高低により評価されるため、生産効率をよくすることが優先となり、ムダな作り置きにつながる傾向にあります。

在庫に関しては、責任の所在すらあいまいな場合が多く、結果として在庫が積み上がる、いわゆる"成り行き在庫"に陥る傾向にあります。

これらを解消し、適正な在庫量にするためには、販売計画からスタートし、そこから必要な在庫数を見積もり、実在庫数と合わせて考え、生産計画数を計算する必要があります。

さらに、月次や週次で実績値と計画値との差異を分析し、生産数・入荷数を加減することで需要と供給のバランスを調整することが必要です。

したがって、実際のPSI計画では、情報をいかに共有するか、利害関係の調整をどうするかが重要だといえます。

10 最適在庫数をキープする
在庫差異分析など

見るべきポイント

分析結果によってはじき出された計画値を検証し、さらに最適な数量に保つために見直すべき点がわかります。

PSI計画に基づいて、実際の生産、販売活動が実行された後は、在庫の実績と計画値を比較したり、実績値をさまざまな角度から分析することで、計画値を見直したり活動方法に修正を加えたりすることが必要です。

在庫を評価する方法は以下の4つがあります。

① 在庫差異分析
② 在庫納期・欠品分析
③ 在庫Zチャート分析
④ 在庫流動数分析

それぞれの分析手法を順番に見ていきましょう。

① 在庫差異分析

在庫差異分析とは、予算値・計画値と実績値を比較し、その差額（差異）を算出することによって、当該期間にどのような変化が起こったのか、その原因を分析し、経営上・業務上の課題を見つけることです。

単純な値の比較で行なう場合もあれば、値を分解（例えば、売上金額なら、数量 × 単価など）したうえで差異を確認することで、より詳細な分析を行なうこともあります。

10-1 在庫差異分析の例

計画値と実績値の差を算出して、なぜ差が出たのか課題を見つける

製品	計画 - 数量	計画 - 金額	実績 - 数量	実績 - 金額	数量差異	金額差異
製品 X1	3,200	1,600,000	3,120	1,560,000	-80	-40,000
製品 X2	2,800	1,120,000	2,966	1,186,400	166	66,400
製品 Y1	2,500	2,000,000	2,303	1,842,400	-197	-157,600
製品 Y2	2,500	1,500,000	3,422	2,053,200	922	553,200
製品 Z1	6,000	2,400,000	5,445	2,178,000	-555	-222,000
製品 Z2	2,000	600,000	1,763	528,900	-237	-71,100
合計	*****	9,220,000	*****	9,348,900	*****	128,900

② 在庫納期・欠品分析

適正な在庫水準が維持されているかどうかの評価は、在庫オペレーションにおける数値を参照することで可能となります。ひとつの例として、納期どおりに出荷がされているかを見る方法があります。

希望日どおりに相手先に納品されたかどうかまでデータをとっている企業は多くないと思いますが、(納期を勘案した) 出荷予定日は比較的容易にとれるでしょう。

出荷予定日ごとに集計した出荷数量と、実出荷日ごとに集計した数量をグラフ化して比較することで、出荷のオペレーションがうまくいっているかどうかがわかりやすくなります。

10-2 在庫納期・欠品分析の例

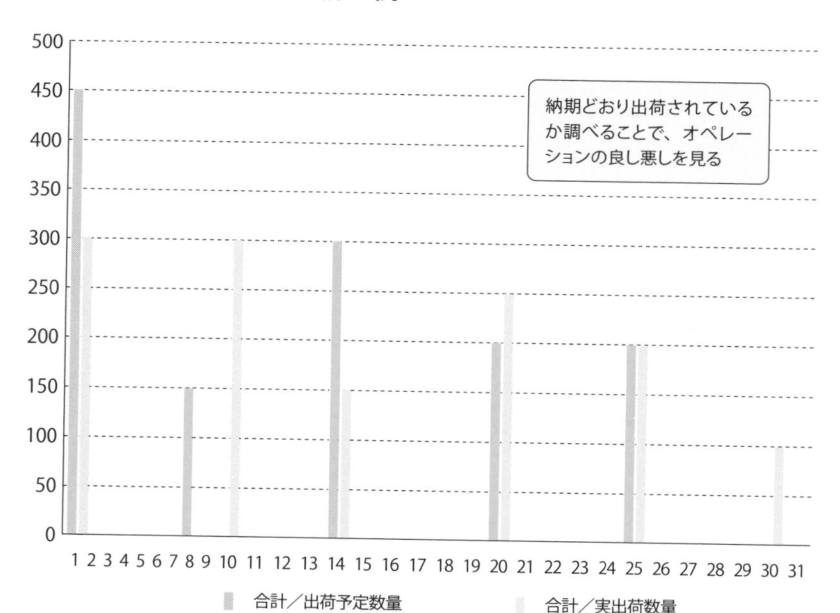

③ 在庫Ｚチャート分析

在庫水準の良し悪しの判断を比較的長い期間で見て、その傾向を探るのに適しているのがZチャート分析です。

Zチャート分析は第2章で紹介したとおり売上分析でも活用されますが、在庫実績の分析にも有効な方法です。

在庫Zチャート分析では、縦軸に在庫数、横軸に年月をとり、系列として月別在庫数、累計在庫数、12ヶ月移動年計在庫数をとります。

この3本の線を組み合わせるとZの文字になりますが、このZが上を向いているのか（在庫水準が上がってきている）、下を向いているのか（在庫水準が下がってきている）、それとも真っ直ぐなのか（現状維持傾向）を見ることによって、在庫水準の傾向をつかめます。

10-3 在庫Ｚチャート分析の例

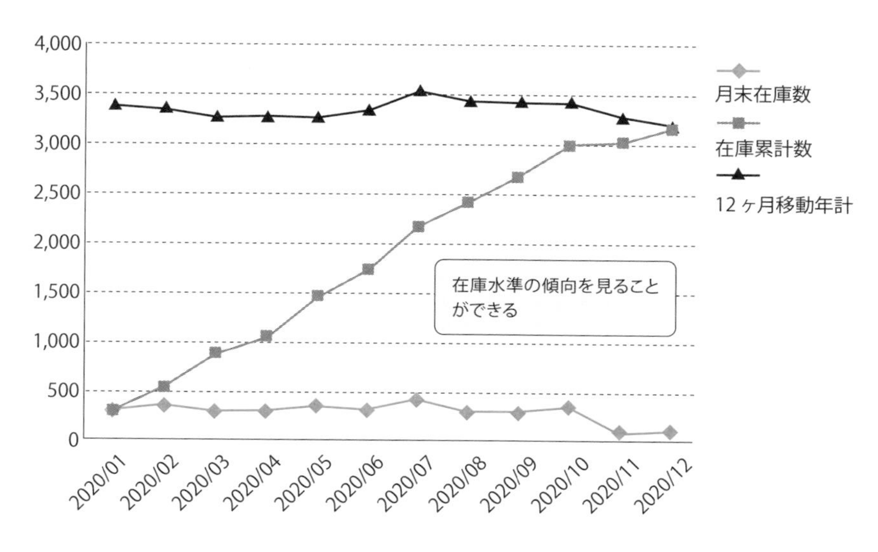

④ 在庫流動数分析

在庫のように入庫と出庫によってその量が変化するような対象に対して、時系列での量の変化を明らかにする分析手法を在庫流動数分析といいます。

図10-4のように、横軸に時間の経過をとり、縦軸に在庫数をとります。系列として入庫量の累積線（入庫線）と出庫量の累積線（出庫線）を描きます。ある時点での入庫線と出庫線の差（垂直線の長さ）がその時点の在庫量を表わします。また、ある時点の入庫線の点から水平線を引いて出庫線と交わるまでの長さがその在庫の滞留期間となります。

在庫流動数分析のグラフでは、入庫と出庫の周期性や在庫量の変化状況を視覚的に把握できるため、在庫回転数の向上や在庫量の低減といった問題を解決する際に用いられます。

結果としての在庫量でなく、それを決定づけている入庫量と出庫量の変化の特性（周期性）に着目して、安全在庫量や最適発注（入庫指示）の方法が検討されます。

10-4 在庫流動数分析の例

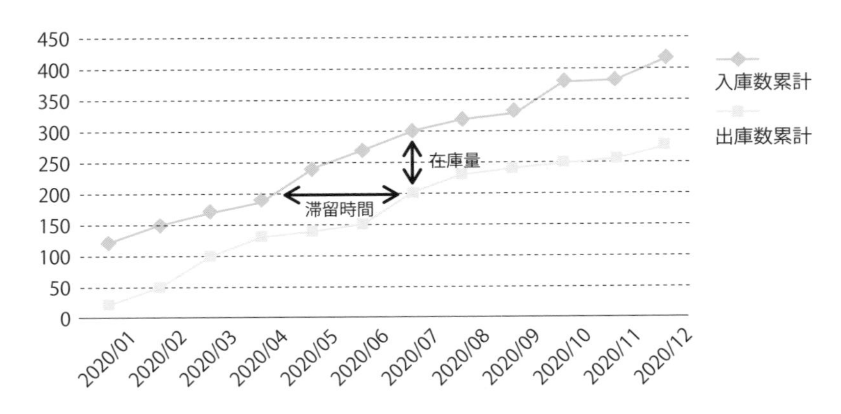

11 ケーススタディ PSI編

ここからは、以前のケーススタディと同じく、健康食品を製造販売するメーカーであるA社を例に、在庫・入出庫分析にまつわるケーススタディを紹介し、各分析手法の活用方法のイメージをつかみましょう。

分析の背景

在庫管理業務において分析活動を進め、金額ベースの在庫評価によってマクロ的な問題点を把握し、改善の方向性を定めたA社ですが、次は単品ごとに具体的な在庫水準を設定する必要があります。

一方、コスト削減のための在庫削減に終始することで、品切れによる機会損失および売上のダウン、顧客満足度の低下による顧客離れが起きるのは絶対に避けたいところです。

経営課題と分析要件

A社では経営課題として、「コスト削減活動の一環として在庫削減を重点に置く」ことを掲げていますが、「納期を遵守し、顧客満足度の維持に努める」ことも併せて掲げました。

在庫管理だけの問題ではなく、販売・生産とリンクした形で全社的な取り組みとすべきであることは組織としての共通認識です。特に計画段階を重視し、実績と照らし合わせて適切に見直しを図ることで、各部門が合意しました。

それらを実現するために、分析要件として次のようなポイントを挙げました。

① 販売計画時に需要予測を補足することで、信頼性と効率性を高める
② 販売・生産・在庫に関するデータを併せて参照できる
③ 単品ごとに在庫水準が適切かどうかを判断するためのアウトプットを用意する

A社では、今回も在庫・入出庫データを月次のタイミングで入手し、需要予測などから得られるデータやグラフを中心に分析のイメージを固めることにしました。

分析活動の詳細

需要予測

A社では、これまでも生産計画をしていましたが、生産効率を優先しすぎていたことが否めず、また材料・資材の調達は担当者のカンや経験に頼りがちでした。

これからは販売計画と連動した生産計画にすべく、販売計画は市況を取り入れた信頼性の高いものにしようと試みました。

A社が取り扱う健康食品は、これまでの過去実績から見ると、季節変動の影響は比較的少なく、直近数ヶ月の売上動向と極端に異ならないという特徴が見受けられます。

そこで、比較的過去データも少なくて済み、理解もしやすい移動平均法を用いて次月の販売予測をすることにしました。

ここで問題になるのが、過去何ヶ月分で移動平均をとるかです。

何ヶ月分にしたらよいかを探るために、最主要製品の過去データを基に3、4、5ヶ月の3パターンの移動平均をそれぞれ計算し、過去実績と比較・検証しました（図11-1）。

誤差のバラつきを調べたところ、4ヶ月が一番小さいとの結果が出たため、4ヶ月移動平均を採用することにしました。

11-1 移動平均法による需要予測と誤差の検証

年月	販売実績	3か月移動平均	平方誤差	4か月移動平均	平方誤差	5か月移動平均	平方誤差
2019/07	5,100						
2019/08	4,800						
2019/09	5,400						
2019/10	5,300	5,100					
2019/11	5,500	5,167		5,150			
2019/12	5,300	5,400	10,000	5,250	2,500	5,200	6,400
2020/01	6,200	5,367	694,444	5,375	680,625	5,260	883,600
2020/02	6,200	5,677	284,444	5,575	390,625	5,540	435,600
2020/03	5,600	5,900	90,000	5,800	40,000	5,700	10,000
2020/04	5,600	6,000	160,000	5,825	50,625	5,760	25,600
2020/05	5,500	5,800	90,000	5,900	160,000	5,780	78,400
2020/06	5,800	5,567	54,444	5,725	5,625	5,820	400
2020/07	5,725	平方誤差の合計	1,383,333		1,330,000		1,400,000

PSI計画

需要予測から得た情報と受注・商談情報を考慮して、仮の販売計画数を決定しました。次に、許容欠品率を5%に設定し、安全在庫数を計算したうえで基準在庫を定めました。そこから月末の在庫実績数を引き、生産計画数を弾き出したところで、生産部門を交えて仮の生産計画数に対しての是非を検討しました（図11-2）。

11-2 PSI計画

製品	需要予測数	販売計画数	安全在庫数	基準在庫数	月末実在庫数	生産計画数
毎日サプリ グルコサミン	5,600	6,000	2,000	8,000	1,987	6,013
毎日サプリ コエンザイムQ10	4,566	5,000	1,400	6,400	1,244	5,156
毎日サプリ ブルーベリー	7,890	8,000	3,000	11,000	3,425	7,575
毎日サプリ ゴマペプチド	4,321	4,500	1,200	5,700	1,085	4,615
毎日サプリ ヒアルロン酸	2,388	2,500	600	3,100	892	2,208

ほとんどの製品は計画数どおり生産可能と判断しましたが、「毎日サプリ コエンザイムQ10」は原材料が市場で不足しており、計画どおり生産できないという結論に至りました。

コエンザイムQ10は、生産可能数量をいったん計画値として設定し、現仕入先との仕入量の拡大交渉と新しい調達先の開拓を継続しながら、週次単位で計画と実績の比較・検討を行なう方針としました。

在庫水準のチェック

PSI計画で管理を実行して6ヶ月後、在庫水準が適切に維持されているかをいくつかの商品で検証しました。まずは、顧客満足度につながる納期遵守の当月分の状況を確認することにしました（図11-3）。

11-3 納期欠品分析（毎日サプリ：ブルーベリー）

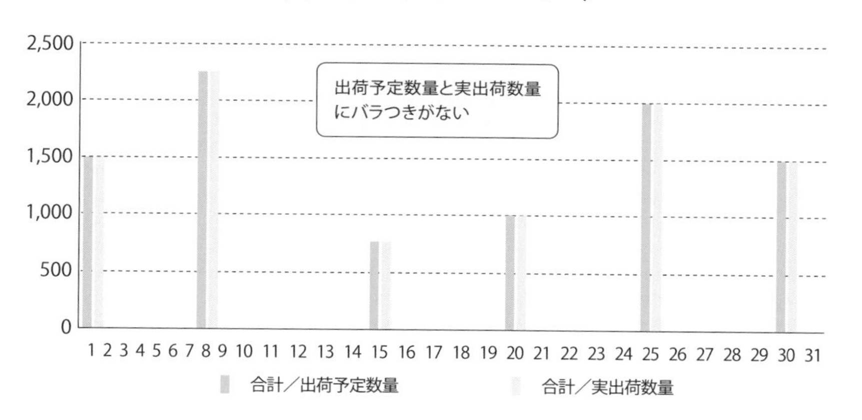

「毎日サプリ ブルーベリー」は、出荷予定日・予定数量と実出荷日・出荷数量が一致しており、納品状態が良好であることがわかります。

しかも、Zチャートによって長期の在庫水準を確認する限り、活動を開始した2020年7月頃からは在庫水準が少しずつですが減少する傾向にあり、取り組みがうまくいきつつあることを示しています（図11-4）。

11-4 在庫Zチャート（毎日サプリ：ブルーベリー）

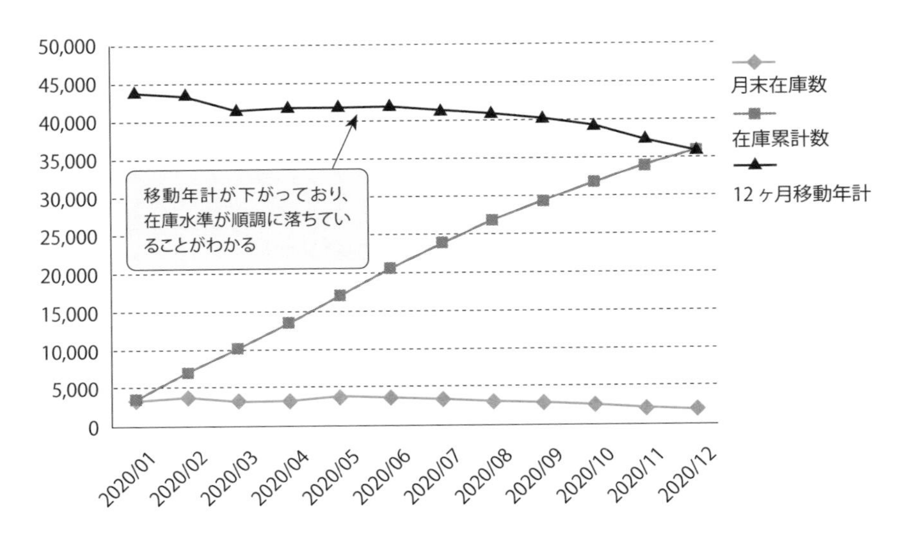

一方、計画値を見直した「毎日サプリ　コエンザイムQ10」は、出荷予定日に対して実出荷が遅れがちであることがグラフから見てとれ、出荷予定に対して生産状況が追いついていないことがわかります（図11-5）。

11-5 納期欠品分析（毎日サプリ：コエンザイムQ10）

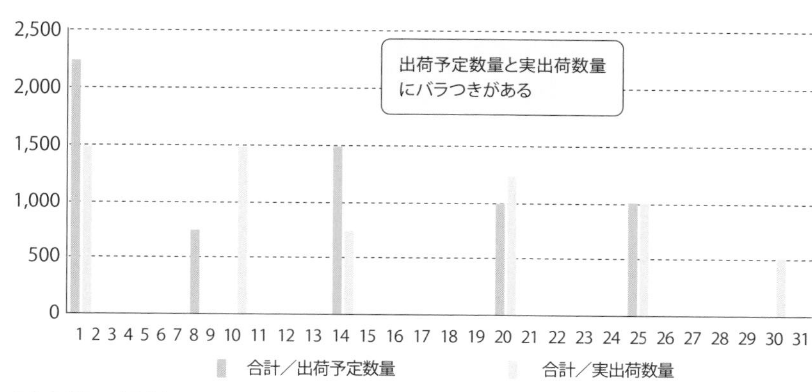

対応策の検討

販売・在庫・生産の調整がうまくいきはじめた製品は、そのまま継続してPSI計画とその統制を行なうことにしました。

「毎日サプリ コエンザイムQ10」のように、多くの需要が見込まれても生産が追いつかない製品については、納期を守れないことによるイメージダウンの回避を優先することにしました。

直近は、より現実的な生産計画数を設定し、優先順位の高い顧客から計画時に配分を行なうことで調整します。

契約の締結や納期回答もこれに準拠し、並行して原材料の仕入拡大の方策を模索することにしています。

ケーススタディのポイント

今回のケーススタディにおけるポイントを2点挙げます。

ひとつは、今回の主題でもある計画作業の高度化です。

販売・在庫・生産に関する計画を同時に立案・調整することで、部門間の利害調整にもつながり、はじめて在庫のコントロールが可能になります。

また、販売計画の立案時に需要予測が補完的な役割を果たすことで、より効率的で精度の高い計画を立案できることが期待できます。

予測のみ、または経験とカンのみのどちらかに偏ることも決してなく、仕組みの中で上手に活用されることが重要です。

もうひとつは、在庫の評価方法の多様化です。

在庫を減らす方向からばかりでなく、必要分は確保できているか(納期は守られているか)という方向からも検証していることです。

数量 ⇔ 金額、日次 ⇔ 月次、過多 ⇔ 過小、出荷予定日 ⇔ 実出荷日など、さまざまな着眼点からデータを分析することで、バランスのとれた評価・分析が可能になります。一方向からの評価・分析では、適切な意思決定は望めないのです。

第4章 利益を管理するためのデータ分析

01 利益を分解して管理する
セグメント別損益分析

見るべきポイント

利益を部門別、製品別、顧客別というセグメントごとに管理することで、会社の中で改善すべき問題点がハッキリ見えるようになります。

序章で学んだように、売上からコストを引いたものが利益となります。したがって、売上やコストを複数の視点から分析する多次元分析は、当然利益に対しても有効です。

この利益を複数の視点から分析する手法は、汎用的には利益多次元分析というべきものですが、管理会計の分野ではセグメント別損益分析と呼ばれています。

通常、企業は複数の事業を営んでいたり、複数の製品を扱ったりしています。部門も多くの場合、その単位で編成されます。

そのため、会社全体でしか見ていなかった損益を組織や製品・事業別に分けて見ることで、改善すべき箇所がよりハッキリと見えるようになります。

その際の切り口（組織や製品など）を「セグメント」といいます（多次元分析の観点では次元・ディメンションとなります）。セグメント別損益分析の方法としては、以下の方法が一般的です。

① 部門別損益

部門別に損益を見ることで、部門別の業績を確定し、評価・処遇につなげます。組織としてどこに（誰に）テコ入れすべきかを検討する際に役立ちます。

セグメント別損益の中ではもっとも基本的なものであり、通常は会計システムにも該当の機能が含まれています。

② 製品別（商品別）損益

製品や製品グループ別に損益を見ます。利益を出している製品とそうでない製品を見極め、取捨選択したり、販売促進に投入する費用を見直したりといった意思決定を行なう際に効果を発揮します。

③ 顧客別損益

顧客別で損益を見ます。利益を出している顧客とそうでない顧客を見極め、取引条件を見直すといった意思決定を行なう際に効果を発揮します。取引額が大きくても、大幅な値引きや過剰サービスを強いられていたため、利益で見ると儲かっていないということは珍しくありません。

これらセグメント別の損益を算出するにあたっては、重要な前提条件があります。それは、「コストがセグメント別に割り振られている」ことです。一見当たり前のように思えますが、実際は容易なことではありません。

なぜなら、収益とコストが発生するタイミングは異なり、それぞれに関与する部門や担当者も異なるため、特定のセグメントに対応するコストを簡単に割り当てることができないからです。コストを発生させる当事者は、どの製品の、どの顧客のためのコストかなどを意識せずに作業している場合が多く、実質的にも特定の何かのためでなく複数の対象に共通で発生しているコストも少なくありません。

分析をする以前に、採用するセグメント別にいかにコストを集計できるようにするか、共通で発生するコストをいかに配分するかの取り組みや仕組み、つまり第2章で学んだ配賦が重要となってきます。

図1-1は、セグメント別損益分析のイメージです。このような分析を行うことで、全社では利益が出ていても、部分的にはいろいろな問題点が発生していることがわかります。

1-1 セグメント別損益のイメージ

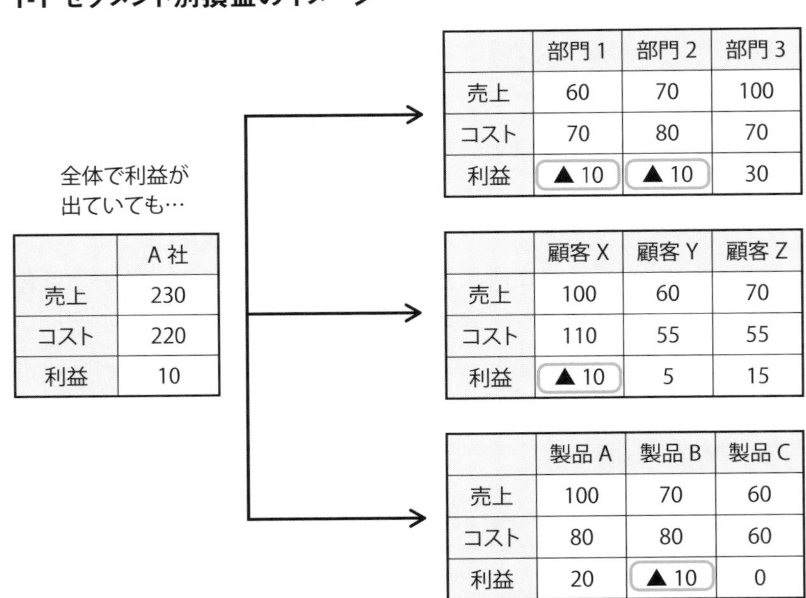

	A社
売上	230
コスト	220
利益	10

	部門1	部門2	部門3
売上	60	70	100
コスト	70	80	70
利益	▲10	▲10	30

	顧客X	顧客Y	顧客Z
売上	100	60	70
コスト	110	55	55
利益	▲10	5	15

	製品A	製品B	製品C
売上	100	70	60
コスト	80	80	60
利益	20	▲10	0

セグメント別に損益を出すという行為は、採用したセグメント単位での業績評価をすることに他なりません。この評価を受け、何らかの意思決定につなげることになります。この業績評価を行なう理由は次のとおりです。

・問題の箇所を特定し、改善につなげる

どこがどう悪いかを判別することで、アクションを起こすきっかけを作り、必要な度合いを示唆することになります。

・処遇に結びつけモラル（士気）を高める

一般的に、特定単位での業績は部門や人の評価・処遇に連動します。結果と処遇が公正に連動することで、社員の士気の高揚も望めます。

・結果を示すことで社員の教育に活用する

実施した行動に対して結果が見えないと、次のアクションを起こしづらいことはいうまでもありません。やったことが良かったのか悪かったのかを判別できるようにすることで、社員の意識を変えるきっかけを与えることができます。

以上のように、セグメント別に業績を管理することは、組織・プロセスの改善や社員の教育・モラルアップ、さらには会社全体の利益改善につながります。

分析するだけではなく、効果に結びつけるための適切な仕組みと活用が不可欠といえます。

02 利益・コスト構造を把握する
損益分岐点分析

見るべきポイント

コスト（固定費と変動費）と売上から損益分岐点を割り出すことで、自社の利益・コスト構造を把握することができます。

損益分岐点分析は、利益・コスト構造を分析する上でもっとも基本的な分析手法で、利益・コスト構造を明らかにし、どのくらい売り上げれば儲かるか（または儲からないか）の分岐点をシミュレートしようというものです。

コストは通常、変動費と固定費とに分かれます。変動費とは、売上に比例して増えるコストであり、固定費とは売上に比例せずに発生するコスト（売上がゼロでも発生してしまうコスト）です。売上とコスト（変動費・固定費）の関係を図2-1に示します。

売上高線と総費用線が交わる時点の売上が、利益がゼロとなる売上高であり、それが損益分岐点売上となります。これ以上売り上げれば利益となり、これ以下の売上だと損失になるということです。

売上から変動費を差し引いた値を「限界利益」といい、売上高線の傾きと変動費用線の傾き（変動費率）の差を「限界利益率」といいます。限界利益率は、売上高が1単位増えたとき、利益がどれだけ増えるかを意味します。

2-1 損益分岐点分析のイメージ

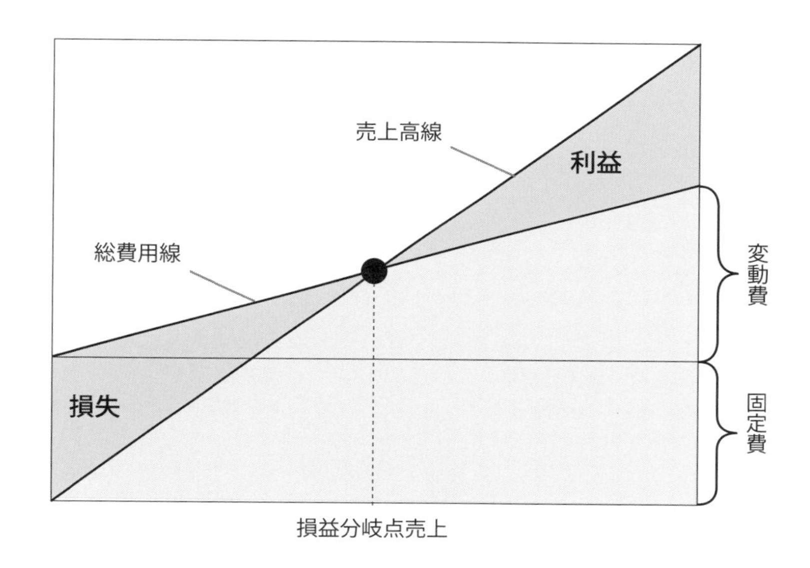

費用構造が大きく変わらないということを前提に、利益ゼロ となる売上が損益分岐点分析によってわかれば、あといくら（何%）売上が下がると（上がると）赤字（黒字）になるといった見通しが立つことになります。損益分岐点売上と現状の売上の距離を測る指標としては、損益分岐点率があります。

損益分岐点率＝損益分岐点売上÷現状の売上

この値は、小さいほど損益分岐点まで余裕があることを示します。先行きの不透明なご時勢には、売上が数%ダウンしても損失が出ない体質の会社に、事前に改善しておくことはとても重要です。

損益分岐点分析を見ると、固定費の高低と変動費の高低の組み合わせによって、企業を4つのタイプに分類できます（図2-2）。

2-2 企業の変動費・固定費によるパターン分け

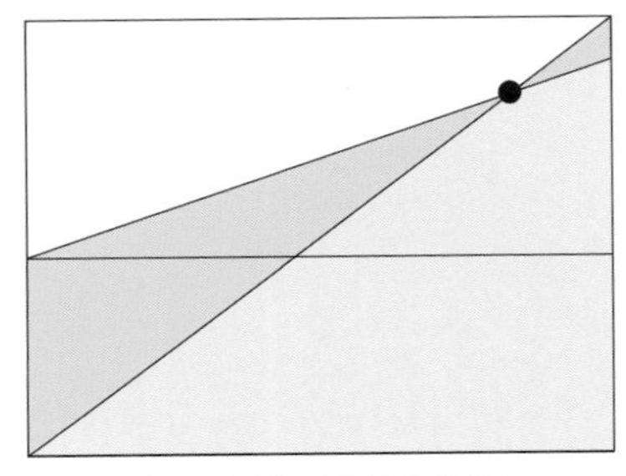

高固定費・高変動費率
（最も儲かりにくい、要リストラ）

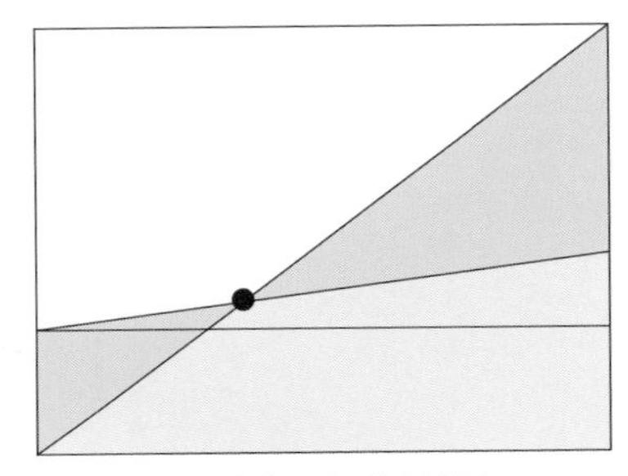

低固定費・低変動費率
（最も儲かり易い、理想型）

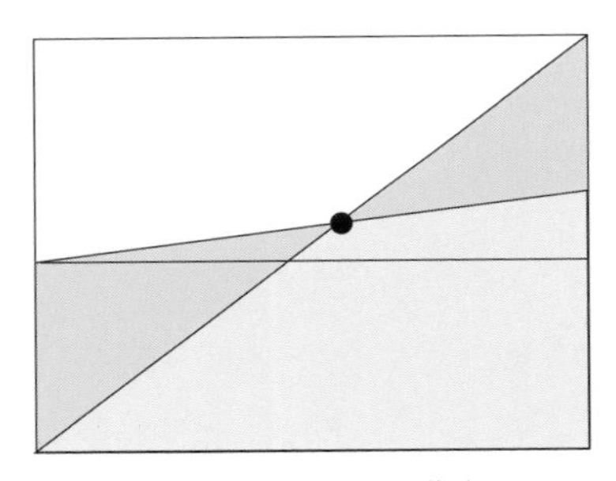

高固定費・低変動費率
（増産に強く、減産に弱い）

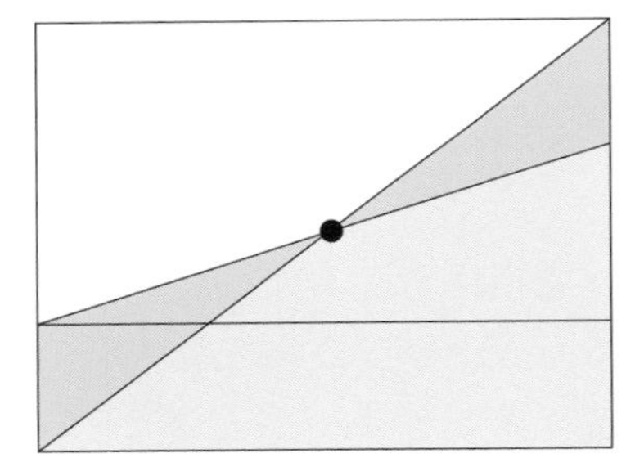

低固定費・高変動費率
（利幅は薄いが、不況に強い）

固定費も変動費も高い会社は高コスト体質でもっとも利益が出にくい会社であり、逆に両方とも低い会社は利益がもっとも出やすく理想的な体質といえます。しかし、多くのケースでは、固定費型か変動費型のどちらかに偏っています。

固定費が高く変動費率が低い企業（固定費型）は、売上高が伸びれば多くの利益が出やすい傾向にありますが、損益分岐点が低いため、売上ダウンによって赤字転落にもなりやすいという問題があります。ハイリスクハイリターン型で、拡大生産には強いものの、減産には弱いという性質があります（自社生産型の企業に多く見られます）。

変動費率が高く固定費が低いタイプの企業（変動費型）は、損益分岐点には比較的到達しやすいものの、売上が伸びてもあまり利益が伸びないローリスクローリターン型です。不況時には比較的強いといえます（外注生産型の企業に多く見られます）。

大切なことは、いずれの損益構造で事業を運営していくのかという方針を明確にし、その方針に従って施策を講じるということです。

今後売上の高い伸びが期待できるのであれば、固定費型の方が旨みはあるし、そうでない場合（昨今のような不況時には）は変動費型の方がリスクを抑えられるというような判断ができます。

損益分岐点率に着目し、コスト体質を改善する方策としては3つの方向性が考えられます（図2-3）。

2-3 体質改善の対応策

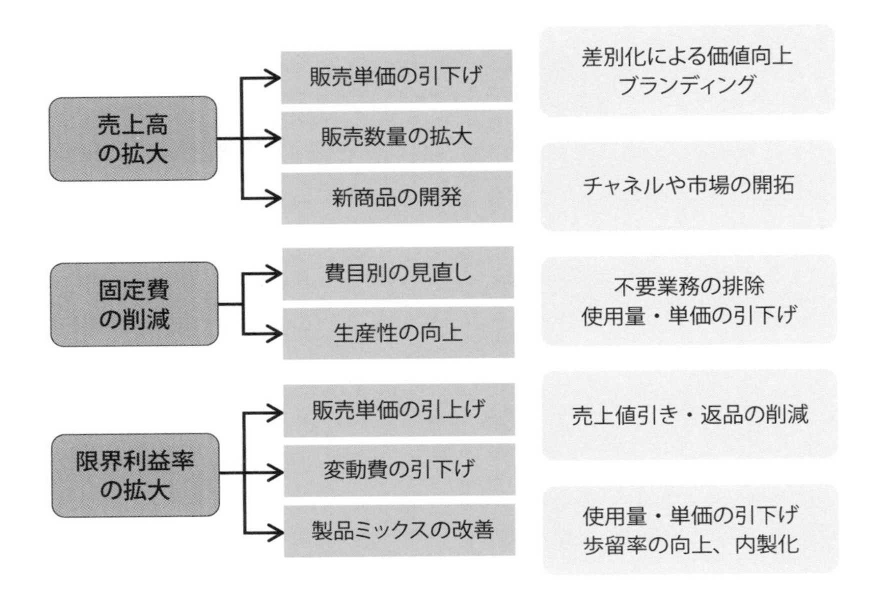

① 売上高の拡大

売上高を拡大させるには、売上単価を高くするという方向性と、売上数量を増やすという方向性が考えられます。

売上数量を増やす方法としては、「新しい商品の開発」や「新しい販路の開拓」などが挙げられます。

② 固定費の削減

固定費を下げるには、まず固定費を構成する費目（勘定科目）を調べ、費目ごとに内容を調査し、そもそもそのような費目が必要か、金額が妥当か検討します。

そして、不要な業務を止める、あるいは金額を絞るといった方策をとることになります。

また、業務プロセスの見直しによって効率化を図り、コストを減らすことは、抜本的な固定費削減策になります。

③ 限界利益率を拡大

限界利益率を上げるには、売上単価を上げる、変動費率を減らす、取り扱い製品の組み合わせを変える、という方向性が考えられます。

売上単価を高くする方策には、売上高を高めるときと同様、値引き・返品の削減が挙げられます。

変動費率を減らす方策には、条件の交渉や業者の選別による材料単価の引下げ、設計の見直しによる材料使用量の削減、外注の内製化、歩留り率・不良率の改善などが挙げられます。

製品の組み合わせ（製品ミックスといいます）の変更とは、限界利益率の高い製品の取り扱いを多くするということです。

03 利益を予測する
変動損益計算書

見るべきポイント
変動費と固定費の分類を中心とした変動損益計算書を使うことで、 利益予測がしやすくなり、 さまざまな意思決定に適しています。

変動費と固定費の分類を中心に表現した損益計算書を「変動損益計算書」といいます。

売上高に比例するコストと比例しないコストに分類して表示し、限界利益（変動費のみを差し引いた利益）に着目することで、いわゆる財務会計方式の損益計算書よりも利益予測がしやすくなります。

さまざまな意思決定をすることが目的の管理会計では、この変動損益計算のほうが適しているといえます。

図3-1は、変動損益計算書の活用例のひとつです。

通常の変動損益は、会社全体のコスト構造分析に使用します。

製造部門の業績評価には、製造部門がコントロールできる製造原価までの変動損益を使用します。

営業部門では、逆に製造原価のコントロールはできないので、売上総利益までを通常の財務会計方式で表示し、経費を個別費と共通費に分け、営業部門でコントロール可能な費用である売上原価と個別経費までを差し引いた利益（貢献利益）に着目して、業績評価を行ないます。

管理する対象に合わせて、着目する利益や表示形式を工夫することで、適切な業績評価や問題解決が可能となるのです。

3-1 変動損益計算書の活用例

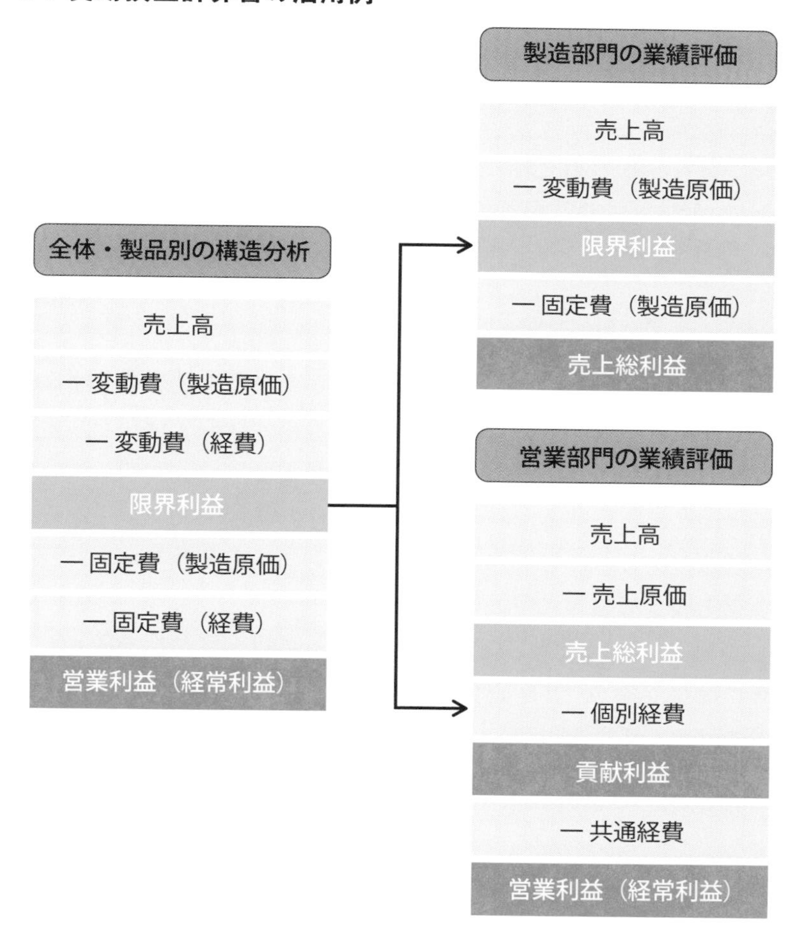

04 ケーススタディ 利益編

ここからは、これまでと同じく、健康食品を製造・販売するメーカーであるA社の話を基に利益分析にまつわるケーススタディを行ない、分析手法の活用イメージをつかみましょう。

分析の背景

売上の拡大やコスト削減の一貫として、在庫の削減に取り組んできたA社ですが、マネジメント層にとっては、肝心な利益が十分に上がっているかどうかが気がかりです。

決算書上は昨年度も一応黒字でしたが、先行き不透明な昨今、市場が低迷したときにどの程度の売上ダウンまでなら持ち堪えられるのかを把握しておきたいところです。

また、不測の事態に備えるために、自社のコスト体質を改善し、利益に関して各部門にも責任を持たせ、目標利益の達成のために整合性のとれた活動が行なえるように、経営管理制度を確立することが急務と考えています。

経営課題と分析要件

A社では当面の経営課題として、「不況下でも柔軟に対応できるコスト構造への体質改善を図る」ことを掲げました。手始めに財務データを分析し、シミュレーションを行なうことにしました。分析の要件は次のとおりです。

- 会社全体のコスト構造を把握する
- セグメント別にもコスト構造を把握する
- セグメント別損益の算出にあたり、共通経費をセグメント別に配賦する

そこでA社では、今回も販売管理や会計システムから過年度のデータを収集し、自社のコスト構造に関する分析・シミュレーションをすることで、経営管理制度を確立するうえでのヒントとすることにしました。

分析活動の詳細

A社は早速、入手した過年度のデータをもとに分析活動を開始しました。

会社レベルの損益分岐点分析

まずは、昨年度（2021年度）の会計データをもとに会社レベルの損益分岐点分析から始めることにしました。

勘定科目を固定費と変動費に分けて集計したうえで、損益分岐点分析を行ないました（図4-1）。

4-1 会社レベルの損益分岐点分析

2021 年度　変動損益計算書	
売上	440,000
変動費	235,000
(変動費率)	53.4%
限界利益	205,000
限界利益率	46.6%
固定費	190,000
営業利益	15,000

2021 年度　損益分岐点売上高
407,805

2021 年度　損益分岐点率
92.7%

結果としてわかったのは、A社は固定費も変動費率も比較的高く、儲かりにくいコスト構造であり、損益分岐点率は、92.7%であることが判明しました。

これは、会社全体で売上高が10%もダウンすれば赤字に転落することを意味しており、コスト体質の改善が急務であることが改めて浮き彫りになりました。

製品分類別の変動損益計算の作成

次に、原因の追及のために製品分類別の変動損益計算書を作成し、値を細分化してみることにしました（図4-2）。なお、共通固定費については適切な配賦基準が決まっていないため、目安として均等配賦したうえで営業利益を見ています。

4-2 製品分類別の損益分岐点分析

	サプリメント	飲料	その他の食品	全社
売上高	240,000	120,000	80,000	440,000
変動費	115,000	60,000	60,000	235,000
（変動費率）	47.9%	50.0%	75.0%	53.4%
限界利益	125,000	60,000	20,000	205,000
（限界利益率）	52.1%	50.0%	25.0%	46.6%
個別固定費	82,000	38,000	10,000	130,000
貢献利益	43,000	22,000	10,000	75,000
（貢献利益率）	17.9%	18.3%	12.5%	17.0%
共通固定費	20,000	20,000	20,000	60,000
営業利益	23,000	2,000	▲10,000	15,000

Ａ社の主力製品であるサプリメント群は、一定の利益率を上げています。準主力製品である飲料群は、変動費までを差し引いた限界利益まではまずまずでしたが、固定費を賄うほど十分な額ではなく、共通固定費を差し引くと利益はわずかとなりました。その他の食品群に至っては、営業利益は赤字という結果でした。

製品分類別の営業利益に関しては、共通固定費の配賦を均等割りにしていることで、売上ボリュームの少ない飲料と、その他の食品にとって不利な配分となります。

よって、今回は貢献利益までで収益力を測るのが妥当と結論づけ、共通固定費の配賦基準の設定はもちろんのこと、費目の精査と金額自体の圧縮を今後の課題として挙げました。

貢献利益率による比較については、ここでもやはりその他の食品はほかの製品群より劣ります。

その他の食品は、新しい機会の発掘やブランド力強化の意味合いで実験的に製造・販売されている商品が多いため、ほかの主力製品に比べて生産・販売における効率が悪いことが理由として考えられます。いく分は仕方のないこととも思えますが、不景気の最中、悠長なことはいっていられません。

そこで、今後は製品分類レベルの分析を製品レベルの損益分析に細分化し、商品回転率をかけ合わせた交差比率を算出する貢献度分析を行なうことにしました。

貢献度の低い製品の廃止や、内製では効率の悪い製品の外注化によるリスクの回避と生産の効率化を方策に掲げました。

チャネル別の損益分析

次に、販売効率を見るという観点からチャネル（顧客分類）別の損益分析を行ないました。

A社の営業部門はチャネル別に編成されており、チャネル別の業績結果は営業部門別の業績結果と直結しています。

チャネル別の損益を算出する前提として、各部門に直接振り分けられない共通経費を、各部門の売上高を配賦基準に配分しました。結果として、ネット通販部門が一番利益を出し、薬局部門が最下位（しかも赤字）という結果となりました（図4-3）。

4-3 チャネル別損益

	薬局	コンビニ	スーパー	ネット通販	全社
売上高	120,000	101,000	109,000	110,000	440,000
売上原価	76,700	58,000	63,300	61,000	259,000
売上総利益	43,300	43,000	45,700	49,000	181,000
総利益率	36.1%	42.6%	41.9%	44.5%	41.1%
個別販管費	38,000	34,000	37,000	35,000	144,000
共通販管費	6,000	5,050	5,450	5,500	22,000
営業利益	▲700	3,950	3,250	8,500	15,000

しかし、この結果を受けて薬局部門は猛反発しました。薬局部門は一番売上が高く、売上高を基準に配賦をされることは、努力した部門が一番多く負担を強いられることになるというのです。そこで、配賦基準の見直しを検討しました。

発生した共通販管費（間接部門における費用など）を消費する（サービスを利用する）のは人であり、人に関わる配賦基準（人件費や人数など）をベースにするという考え方を示したところ、各部門から容易に理解を得られました。

加えて、各部門に「人件費 ＝ 人数 × 平均給与」という視点を持たせることで、各部門が人件費の低減にも意識を働かせるようになるという経営者の狙いがありました。

そこで今回は、交際費などの個別販管費の低減につなげることも視野に入れて、個別販管費総額を配賦基準に使用することで落ち着きました（A社営業部門の個別販管費のほとんどは営業部の人件費が占めています）。

個別販管費総額を配賦基準にした結果、薬局部門の営業利益は多少改善したものの、やはり赤字であり、各部門の順位も変動がありませんでした（図4-4）。

4-4 再配賦後のチャネル別損益

	薬局	コンビニ	スーパー	ネット通販	全社
売上高	120,000	101,000	109,000	110,000	440,000
売上原価	76,700	58,000	63,300	61,000	259,000
売上総利益	43,300	43,000	45,700	49,000	181,000
総利益率	36.%	42.6%	41.9%	44.5%	41.1%
個別販管費	38,000	34,000	37,000	35,000	144,000
共通販管費	5,806	5,194	5,653	5,347	22,000
営業利益	▲ 506	3,806	3,047	8,653	15,000

薬局部門の成績に関しては、営業利益以前に売上総利益率が他部門に比べ5%程度低く、大幅な値引きを前提とした取引が利益を圧迫しているという結論に達しました。薬局部門では、取引条件の見直しが今後の課題になるといえます。

配賦の課題

しかし、同時に他部門からも配賦に関する不満が噴出しました。ネット通販部門の商品販売サイトの構築には多額の資金を費やしており、他のシステム構築・運用費用に紛れて共通費として配賦されているのは不公平だとの指摘がされました。

今回は昨年度のデータをもとにシミュレーションを行なっている

だけで、部門の評価・処遇には直接関係しませんが、今後の本番運用までには共通販管費の内容を洗い出し、個別経費として認識できるものは直接該当部門にチャージし、その他の経費についても費目別に適切な配賦基準を設定することを課題に加えました。

ケーススタディのポイント

今回の事例のポイントを2点挙げます。

ひとつは測定するセグメント別に損益のフォーマットを変えていることです。事例では、製品別の損益を見る際は変動損益計算書で表示し、営業部門別の損益を見る際は財務会計方式をベースに販管費を個別費と共通費で区別して表示しています。

管理する対象が異なれば、着目すべき利益（限界利益・貢献利益など）も異なります。問題点が浮き彫りになるように工夫することが肝要です。

もうひとつは、配賦処理において、利益改善のための利益と、処遇・評価のための利益を別立てにして管理していることです。

配賦処理を行なうと、必ずといっていいほど不満が出ます。

理由のひとつは、配賦基準が適切でないことです。もうひとつは、そもそも配賦される側の部門（利益管理部門）では、コントロールできない費用（間接部門のコスト）の責任まで負えないという問題です。

解決策としては、共通費を配賦する前と後の利益を表示し、評価・処遇への活用と、企業全体として問題解決策を図ることへの活用を別立てとすることなどが考えられます。

05 予算と現状の差を見る
予算差異分析

見るべきポイント

月次のタイミングで予算と実績の差異を確認することで、現状を把握でき、予算達成の確率を高めることにつながります。

利益を分析することで、会社の利益・コスト構造を把握し、業績改善に向けた施策が立てられることはわかりました。

しかし、重要なのは立てた施策を実行に移し、結果を出すことです。そこで重要になるのが予算です。

ここからは会社の業績管理として、より重要な分析項目として、予算にまつわる分析の手法を学んでいきます。

年間の予算は通常12ヶ月に配分されています。季節変動などを考慮し、月ごとで予算値を変化させることもあれば、(そのような必要がなければ)単純に12分割されることもあります。

そして、月次のタイミングで予算と実績との差異を確認し、予算に達していない場合は原因を探り、対処策を考えます。

月次ごとに差異分析を行なう利点は、ペース配分がなされることで各社員も自分の位置を把握しやすくなり、問題が大きくなる前に対処することで予算達成の確率を高められる点にあります。図5-1と図5-2は予算差異分析の例です。

5-1 予算差異分析の例①

科目	実績	予算	差異	達成率
売上高	105	100	5	105%
売上原価	62	60	2	103%
売上総利益	43	40	3	108%
販売費	11	10	1	110%
人件費	20	20	0	100%
その他の管理費	6	5	1	120%
販管費計	37	35	2	106%
営業利益	6	5	1	120%
営業外収益	1	2	▲1	50%
営業外支出	1	1	0	100%
経常利益	6	6	0	100%
特別収益	0	1	▲1	0%
特別損失	1	1	0	100%
税引前利益	5	6	▲1	83%

5-2 予算差異分析の例②

チャネル	区分	1月	2月	3月	4月	5月	6月	上期計
薬局	予算	100	100	100	100	100	100	600
	実績	90	91	90	92	90	110	563
	達成率	90%	91%	90%	92%	90%	110%	94%
コンビニ	予算	120	120	120	120	120	120	720
	実績	110	23	111	123	110	105	582
	達成率	92%	19%	93%	103%	92%	88%	81%
スーパー	予算	105	105	105	105	105	105	630
	実績	110	96	104	120	94	103	627
	達成率	105%	91%	99%	114%	90%	98%	100%
ネット通販	予算	130	130	130	130	130	130	780
	実績	135	132	128	132	131	140	798
	達成率	104%	102%	98%	102%	101%	108%	102%

06 予算の達成度を見る 予算進捗分析

見るべきポイント

月次の予算進捗を確認しつつ、年間トータルでの達成を目指します。

予算進捗分析では、差異分析と同時に月次ごとに進捗確認を行ないます。進捗確認とは、期初から当月までの実績を累計したものと、年度予算もしくは予算値を期初から当月まで累計したものとを比較して達成率を見ることです。(図6-1)

月ごとの差異分析はあくまで目安です。目的は年間を通して予算を達成することです。トータルでどこまで進捗しているかを把握し、予算との乖離が著しい場合は、抜本的な対策を講じます。ペース配分を見直す場合も出てくるでしょう。

6-1 予算進捗分析の例

科目別予算進捗 部門：全社 月度：4月〜6月

科目	累計実績	累計予算	進捗率	年間予算	進捗率
売上高	298	300	99%	1200	25%
売上原価	181	180	101%	720	25%
売上総利益	117	120	98%	480	24%
販売費	32	30	107%	120	27%
人件費	60	60	100%	240	25%
その他の管理費	16	15	107%	60	27%
販管費計	108	105	103%	420	26%
営業利益	9	15	60%	60	15%
営業外収益	5	6	83%	24	21%
営業外支出	3	3	100%	12	25%
経常利益	11	18	61%	72	15%
特別収益	2	3	67%	12	17%
特別損失	1	3	33%	12	8%
税引前利益	12	18	67%	72	17%

07 予算達成の見込みを見る

予算見込み分析

見るべきポイント

月次で予算の見込み数値を出すことで、年間予算達成の助けになります。

予算見込分析は、期初から当月までの実績値と当月以降の予算値を合わせた数値(見込値)を作成し、年間予算と比較して達成率を占うもので、進捗確認の延長ともいえます。(図7-1)

売上は、当月以降の予算値の代わりに、営業活動データを進捗別(受注、見積、引合など)に色分けして積み上げたものを使うことで、近い将来をより高い精度で予測できます。見込データによる分析によって、達成・未達成の予測を早い段階で把握し、対応策をタイムリーに講じることが可能となります。

7-1 予算見込み分析の例

損益見込 部門:全社 月度:4月~9月

科目	実績						予算						見込み	予算	差異	達成率
	4月	5月	6月	7月	8月	9月	10月	11月	12月	1月	2月	3月				
売上高	92	91	90	92	93	89	100	100	100	100	100	100	1147	1200	▲53	96%
売上原価	56	55	54	57	60	53	60	60	60	60	60	60	695	720	▲25	97%
売上総利益	36	36	36	35	33	36	40	40	40	40	40	40	452	480	▲58	94%
販売費	12	12	11	12	13	11	10	10	10	10	10	10	131	120	11	109%
人件費	20	20	20	20	20	20	20	20	20	20	20	20	240	240	0	100
その他の管理費	4	4	4	4	4	4	5	5	5	5	5	5	54	60	▲6	90%
販管費計	36	36	35	36	37	35	35	35	35	35	35	35	425	420	5	101%
営業利益	0	0	1	▲1	▲4	1	5	5	5	5	5	5	27	620	▲33	45%
営業外収入	0	0	0	0	0	0	2	2	2	2	2	2	12	24	▲12	50%
営業外支出	1	1	1	1	1	1	1	1	1	1	1	1	12	12	0	100%
経常利益	▲1	▲1	0	▲2	▲5	0	6	6	6	6	6	6	27	72	▲45	38%
特別収益	0	0	0	0	0	0	1	1	1	1	1	1	6	12	▲6	50%
特別損失	0	0	0	0	0	0	1	1	1	1	1	1	6	12	▲6	50%
税引前利益	▲1	▲1	0	▲2	▲5	0	6	6	6	6	6	6	27	72	▲45	38%

08 ケーススタディ 予算編

これまでと同じく健康食品を製造・販売するメーカーであるA社の話を基に予算管理に関するケーススタディを行ない、予算管理業務がどのように行なわれるのか、データ活用も含めイメージをつかみましょう。

分析の背景

売上の拡大やコスト削減に取り組んできたA社ですが、これまで試してきた各分析手法を駆使して業績評価を行ない、分析結果を次の予算編成に生かすという形をもって、経営レベルでのPDCAサイクルを実現したいと考えています。

これには予算管理を通して、今までの分析に関する一連の取り組みを一時的なものから継続的なものにしたいという狙いがあります。

以前のA社の予算編成は、マネジメント層が「前年の○%アップ」といった具合で、確たる根拠もなく決めていました。各営業部門への配分も前年の売上高比の比率に合わせて単純に割り振っており、各部門との調整や合意形成は特にしていませんでした。

結果として予算管理は儀式的になり、評価・処遇とも連動せず、モチベーションの向上にもつながっていませんでした。予算管理制度が十分に生かされているとはいい難い状態です。

経営課題と分析要件

A社では当面の経営課題として、「各部門がそれぞれのミッションを十分に認識し、全体の利益目標に対して整合性のとれたアクションをとる」ことを掲げました。

そして、その仲介役となるのが予算管理制度というわけです。予算が経営管理に活用されるには、予算の根拠の確立が重要と考えており、前提条件として次のようなものを挙げました。

- 予算が経済環境・市場動向を反映したものであること
- 予算の根拠として各種業績評価の結果が反映されること
- トップダウン予算とボトムアップ予算の調整、合意形成がなされること
- 予実差異分析、予算進捗確認が行なわれていること

そこでA社では、これまでの分析が予算に十分に反映されるよう意識しながら2021年度の予算編成を開始しました。

予算編成の詳細

プロセスは手探り状態なものの、今回は少なくとも損益予算については各営業部門も参加し、数字はすべてデータ分析によって裏づけられたものとすることを、予算編成上の方針としました。編成手順は次のようなものです。

① 予算のゴールとなる目標利益を定める（マネジメント）
② 各部門の見積売上、見積経費から見積損益を作成する（各部門）

③ 見積予算が目標に達しているか確認する（予算編成担当）
④ 部門間での調整と解決方法を検討する（全体）

① 目標利益の設定

予算を策定するにあたって指針となる目標は、稼ぐべき利益を設定したうえで自社の利益・コスト構造を鑑みて、目標とする売上や各費用の予算設定をすべきというものになりました。

なおA社は、これまで利益目標の拠り所となる中期経営計画や利益計画は策定しておらず、今回の目標利益は経営計画とは独立した形で試験的に設定することにしました。

では、どのような観点で目標利益を設定するかですが、A社には近い将来、大がかりな設備投資やその他の投資・プロジェクトを行なう予定がありません。

この前提で、来期1年間の安定的な資金が得られる程度の利益を稼げればいいという方針の下に、2020年度の見込利益も勘案し、目標営業利益を20,000と設定しました。

安定資金という観点からすれば、法人税などが引かれた当期純利益を指標とすべきという意見もありましたが、全体の参加を考えると、営業部門などにもなじみの深いほうが理解を得やすいという理由で、営業利益に落ち着きました（図8-1）。

8-1 2020 年度見込損益

2020 年度　見込損益（2021 ／ 01 時点）	
売上高	440,000
売上原価	259,000
売上総利益	181,000
販売費	144,000
一般管理費	22,000
営業利益	15,000

② 部門損益の作成

同時に、各営業部門、製造部門、管理部門はそれぞれ担当部分の予算を策定し、予算編成担当者が取りまとめて見積損益を作成することにしました。

営業部門では、取引・商談状況からの得意先別・商品別売上予測を各担当者に行なわせました。各担当者の予測の積み上げと過去数年の商品別の販売状況とを照らし合わせて、部門長が取りまとめ、部門の販売計画としました。

また、販売費のうちの変動的な費目は、「販売計画数 × 単価」または「販売計画金額 ×（昨年と同じ）比率」という式で求めました。固定的な費目は、昨年の同じ金額に対し人員追加分など変化のあった項目を加減して求め、予算としました。

製造部門は、営業部門より提出された販売計画の数量をもとに来期末の適正在庫数を求め、今期末の予定在庫数を差し引き、必要生産数を見積もりました。そこから材料費、労務費、製造経費、間接費を見積もり、製造予算を見積もりました。

管理部門における一般管理費については、来期は大きな変動の予定はなく、昨年度の予算を調整する程度で完成しました。

各部門の予算策定が終了した時点で、予算編成担当者がそれらを回収し予想損益を作成しました。しかし、目標の利益には4,000足りませんでした（図8-2）。

8-2 2021年度部門予算（初版）

	営業1課（薬局）	営業1課（コンビニ）	営業1課（スーパー）	営業1課（ネット通販）	全社
売上高	123,000	102,000	110,000	108,000	443,000
売上原価	78,000	60,000	64,000	60,000	262,000
売上純利益	45,000	42,000	46,000	48,000	181,000
販売費	39,000	35,000	36,000	34,000	144,000
一般管理費					21,000
営業利益	6,000	7,000	10,000	14,000	16,000

③ 部門予算の妥当性の検証

2020年度の見積損益と比較すると、売上高も利益もほぼ現状維持です。環境面と照らし合わせて、このような予算が妥当なのかどうか確認しておきたいところです。

そこで予算編成担当者は、営業部門が提出した販売計画数の検証を始めました。

市場動向を探るため、リサーチ会社が販売している情報を取り寄せたところ、来期の市場成長率は、健康食品全体ではわずかに下降するものの、サプリメント市場と健康飲料市場に絞れば、それぞれ

5%と2%アップすると予測されていました（その他食品はデータを取得できませんでした）。

そこで、2020年度の見込損益を製品群別の変動損益を編集し直し、売上高と変動費にそれぞれの予測成長率をかけて（その他食品は現状維持として）試算したところ、目標利益に到達する損益計算となりました（図8-3、図8-4）。

8-3 2020年度製品別変動損益

	サプリメント	健康飲料	その他の食品	全社
売上高	240,000	120,000	80,000	440,000
変動費	115,000	60,000	60,000	235,000
限界利益	125,000	60,000	20,000	205,000
個別固定費	82,000	38,000	10,000	130,000
共通固定費				60,000
営業利益	43,000	22,000	10,000	15,000

8-4 損益シミュレーションの結果

	サプリメント	健康飲料	その他の食品	全社
売上高	252,000	122,400	80,000	454,400
変動費	120,750	61,200	60,000	241,950
限界利益	131,250	61,200	20,000	212,450
個別固定費	82,000	38,000	10,000	130,000
共通固定費				60,000
営業利益	49,520	23,200	10,000	22,450

④ 予算調整と解決策の検討

このデータをもとに各部門が顔を合わせ、部門予算の調整を行なうことになりました。

目標利益を稼ぐための解決策の方向性としては、売上を拡大するか、変動費率を下げるか、固定費を削減するかが考えられます。

コストの削減は、乾いた雑巾を絞るかのように行なってきました。これ以上行なうと社内の空気が殺伐としかねません。

市場伸張という好予測が出ている以上、営業部門はもっと努力できるのではという意見が他部門から出てきました。

営業部長は、それほど単純でないと反論しましたが、過去5年のA社のチャネル別売上推移を見ると、鈍化しているチャネルはあるものの一応全体として成長傾向にあり、損益シミュレーションの結果は決して非現実的な要求でもないと思えます。

営業部長もしぶしぶ自部門に帰り、営業担当者と再販売計画の根拠について話し合いました（図8-5、図8-6）。

8-5 チャネル別売上推移

年度	薬局	コンビニ	スーパー	ネット通販	全社	対前年比
2016年	117,000	89,000	99,000	85,000	390,000	103.2%
2017年	116,000	92,000	100,000	93,000	401,000	102.8%
2018年	118,000	97,000	107,000	101,000	423,000	105.5%
2019年	123,000	99,000	108,000	105,000	435,000	102.8%
（見込）2020年	120,000	101,000	109,000	110,000	440,000	101.1%

8-6 チャネル別売上推移グラフ

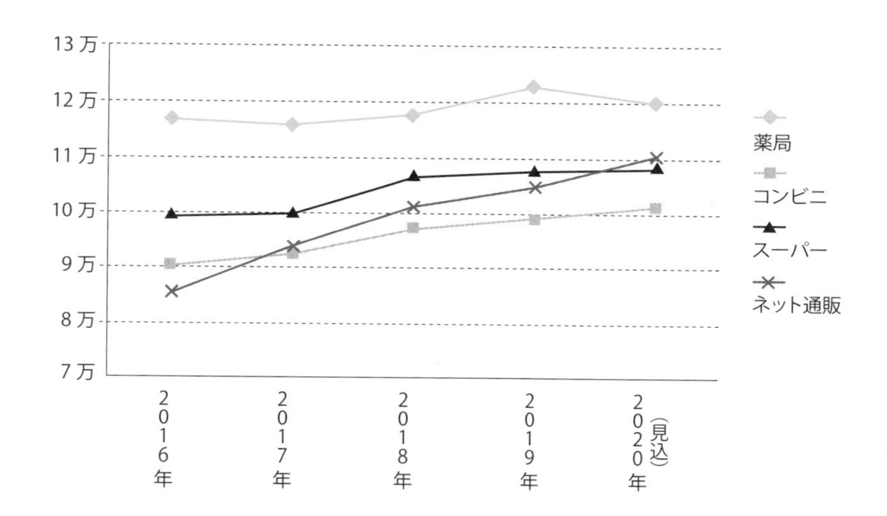

各担当者にヒアリングしたところ、これまでの実績や商談・取引状況の中で確実に取れそうな部分のみを計画値に加えている者が大半を占めていることがわかりました。

目標を達成しやすくするために、チャレンジするというよりは現状維持程度を狙っていたのです。

そこで営業部長は、会社全体としてどれだけの利益・売上を確保する必要があるのか逆算して、それぞれの部課・担当者がどれだけを分担すべきか説明し、合意の形成を図りました。

各担当者が顧客別・製品別の販売分析を再度行ない、売上拡大の余地がないかどうか探ったところ、シミュレーションに近い売上高・営業利益も非現実的ではないことが判明し、販売計画を上方修正することで決着しました（図8-7）。

8-7 2021年度部門予算（確定版）

	営業１課（薬局）	営業１課（コンビニ）	営業１課（スーパー）	営業１課（ネット通販）	全社
売上高	130,000	110,000	115,000	109,000	464,000
売上原価	84,000	63,000	67,000	61,000	275,000
売上純利益	46,000	47,000	48,000	48,000	189,000
販売費	40,000	36,000	37,000	34,500	147,500
一般管理費					21,000
営業利益	6,000	11,000	11,000	13,500	20,500

しかし、見積損益の根拠として、今回の市場予測データだけでは不十分であり、製品分類×チャネル別の市場予測データも必要であると営業部長は注文をつけ、次回の予算編成時の課題としました。

この事例のポイントを2点挙げます。

ひとつは、予算管理の取り組みについて、各部門が参加してコミュニケーションをとりながら合意形成を図っている点です。

トップが決めたものが、そのノルマとして降りてくるのでは、士気の向上も望めません。

会社としてどのような目標を持ち、どの程度の努力を要するかを各人が納得したうえでアクションを起こすことで、目標に対しての整合性がとれるのです。調整作業をすることが最も肝要です。

もうひとつは、予算管理の中でさまざまなデータ分析を駆使し、予算の根拠を明らかにしている点です。

いくら立派な目標を掲げたところで、実現可能な根拠がなければ、ペースメーカーとしては用を成しません。

コラム1 KPIとは?

「KPI(Key Performance Indicator)」という言葉の正式な定義は概ね「経営や業務がうまくいっているかどうかを判断するための定量的な指標の中で、特に重要と考えるもの」といったものです。

「指標」と呼ばれるものは、これまで何度も登場してきました。利益率、在庫回転率、予算達成率などは皆そうです。指標というもの自体は特に目新しいものではなく、以前から活用されてきました。ではなぜ、わざわざ“KPI”という言葉が登場したのでしょう。

昨今の厳しい経営環境の中で、業績管理のあり方にも変化が求められています。以前の業績評価は、財務数値を中心に作られる指標であり、一定期間の経営活動や営業活動が終了したときにわかる「結果指標」と呼ばれるものです。

しかし、昨今のような変化の著しい環境の中では、ただ結果を知ることよりも、予定している結果にたどり着きそうかどうか、経過を観察しながら予測し、より迅速に適切な対応策を講じて、目標に近づけることこそが必要とされているのです。

このような業績管理の高度化に対するニーズを背景に、これまでの財務指標のみの業績評価とは一線を画す方法として、KPIとそれを活用した業績評価が注目されているといえます。

第5章 部門ごとに変わるデータ分析のやり方

01 営業部門のデータ分析

見るべきポイント
営業部門におけるデータ分析の目的は、売上を伸ばすことです。

営業部門におけるデータ分析は、第1章で説明した売上を増やすためのデータ分析を組み合わせて行うことになります。

例えば、アウトドア用品メーカーの営業企画担当者が、販売促進提案書を作成することを想定します。この場合のデータ分析は、以下の手順で行います。

① Zチャート分析で事業部別の売上の傾向を分析する
② ファンチャート分析で伸び率の高い製品を見つけ出す
③ ABC分析で販促する重点管理対象の販売店を特定する

これらのデータ分析の結果を効果的にまとめることで、説得力のある販売促進提案書が作成できます。販売促進提案書は、以下の3つのパートから構成されます。

- 販促対象事業部の選定理由
- 販促対象商品の選定理由
- 販促対象販売店の選定理由

販促対象事業部の選定理由

効果的な販促をするには現状を正しく把握し、どういった商品に対して販促を実施すべきか検討する必要があります。

まずは、事業部別の売上の全体的な傾向を把握するために、Zチャートを利用します。

図1-1では、Zチャートによる分析の結果、3つの事業部のうち、自転車用品事業部だけが売上を伸ばしていることがわかったため、この事業部を重点的に販促対象とすることを説明しています。

1-1 販促対象事業部の選定理由

わが社の３つの事業部のうち、自転車用品事業部が順調に売上を伸ばしてきている。この機に大きな販促を実施し、シェアの拡大を狙っていきたい。

1．自転車用品事業部

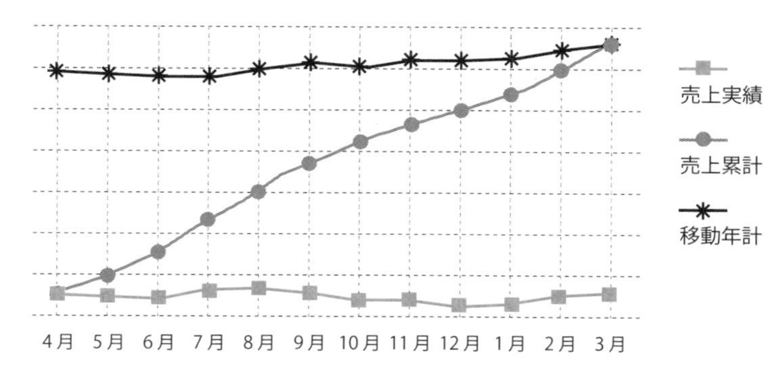

２．登山用品事業部

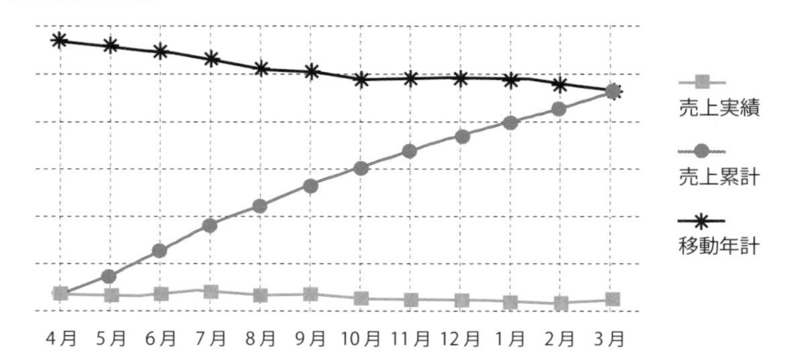

３．キャンプ用品事業部

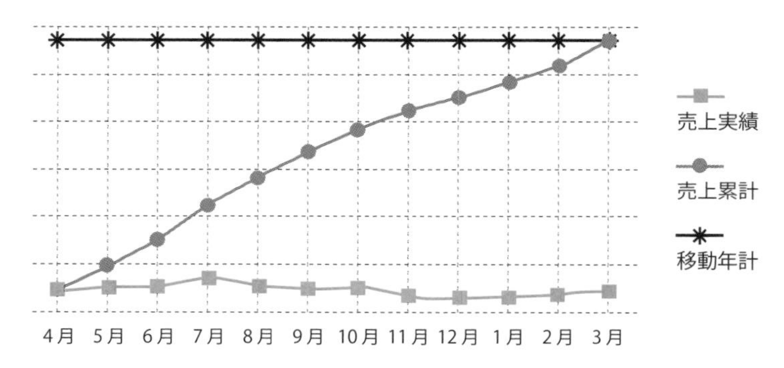

販促対象商品の選定理由

ある事業部の売上が伸びているからといって、やみくもに販促を行えばいいというものではありません。効果的な販促を行っていくためには、どの商品が売上を伸ばしているのかを特定する必要があります。

そこで、ファンチャートを使って各製品の伸び率の比較を行い、どの商品が売上を伸ばしているのかを調べます。

図1-2では、ファンチャートによる分析の結果、「ウェア」と「シューズ」の売上が伸びが著しいことがわかったため、これらの分野に

対する販売促進活動を強化していくことを説明しています。

1-2 販促対象商品の選定理由

自転車用品事業部の中で「ウェア」と「シューズ」の売上が著しく伸びている。来期はこの分野の販促を強化し、自転車用品事業部の一層の成長に繋げていきたい。

自転車用品事業部　製品別売上伸び率

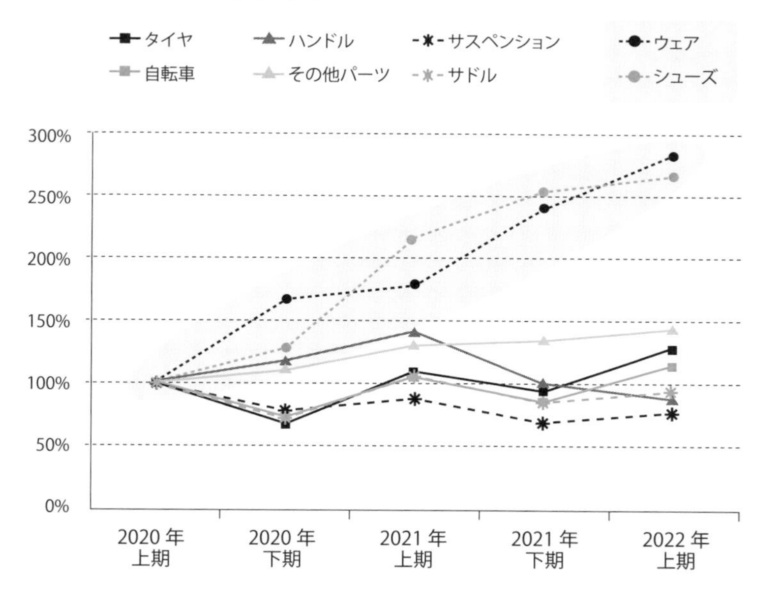

販促対象販売店の選定理由

販促の計画を立てるためには、販促対象の商品だけでなく、数ある販売店のどこをターゲットとするかを決めなければいけません。そこで、パレート図を使用してABC分析を行い、どの販売店で販促を行うべきかを提案するために、重点管理対象となる販売店を調べます。

図1-3では、ABC分析の結果、上位5つの販売店で売上の8割をカバーしていることがわかったため、これらの販売店に絞って販売促進活動を実施していくことを説明しています。

1-3 販促対象販売店の選定理由

自転車用品事業部の売上は上位5つの販売店で8割をカバーしているため、この5つの販売店に絞って販促を実施する。

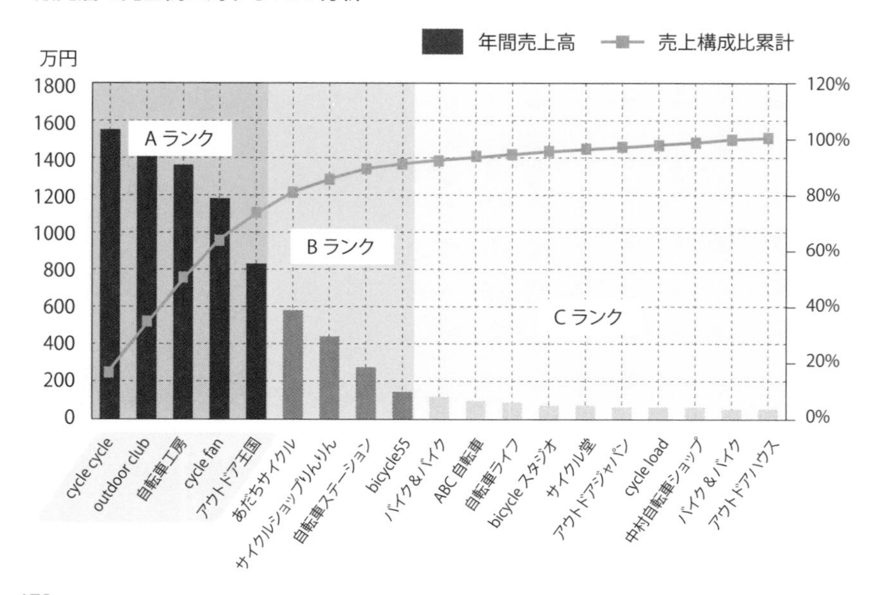

02 マーケティング部門のデータ分析

見るべきポイント
マーケティング部門におけるデータ分析の目的は、売上を伸ばすことです。

マーケティング部門におけるデータ分析業務は、営業部門と同じく主に売上を向上させることが目的となります。

したがって、第1章で説明したような売上を増やすためのデータ分析手法を組み合わせてデータ分析を行うことになりますが、営業部門と比較するとPPM、価格弾力性分析といった、より包括的で客観的なデータを対象にした分析手法がよく用いられます。

また、商品の企画業務の一部として需要予測が含まれますので、第3章で説明した回帰分析もよく用いられます。

例えば、飲料メーカーのマーケティング担当者が、新商品企画書を作成することを想定します。この場合のデータ分析は、以下の手順で行います。

① PPM分析により、企画すべき商品を発見する
② 価格弾力性分析により、最適価格を確認する
③ 回帰分析により、初期生産量を設定する

これらのデータ分析の結果を、効果的にまとめることで、説得力のある新商品企画書が作成できます。新商品企画書は、以下の3つのパートから構成されます。

- 企画対象製品の選定理由
- 新製品の最適価格
- 新製品の初期生産量

企画対象製品の選定理由

新商品の企画のためには、最初に企画すべき商品を提示する必要があります。

まずは、最初に自社の製品をグループに分け、PPM分析を行います。PPM分析を行うことで、各製品グループが「問題児」、「花形」、「金のなる木」、「負け犬」の4つの領域に分類されます。

このうち、「負け犬」の領域に分類された製品グループは、マーケットシェアと売上伸び率の双方が低下しているので、新商品を企画する必要がある製品グループという判断をすることができます。

次ページ図2-1では、「缶コーヒー」の製品グループがこれに該当するため、新商品の企画対象となることが説明されています。

2-1 企画対象製品の選定理由の説明

わが社の商品で、缶コーヒーが販売不振に陥っているので早急にてこ入れ、すなわち新商品の投入が必要である。

PPM 分析結果

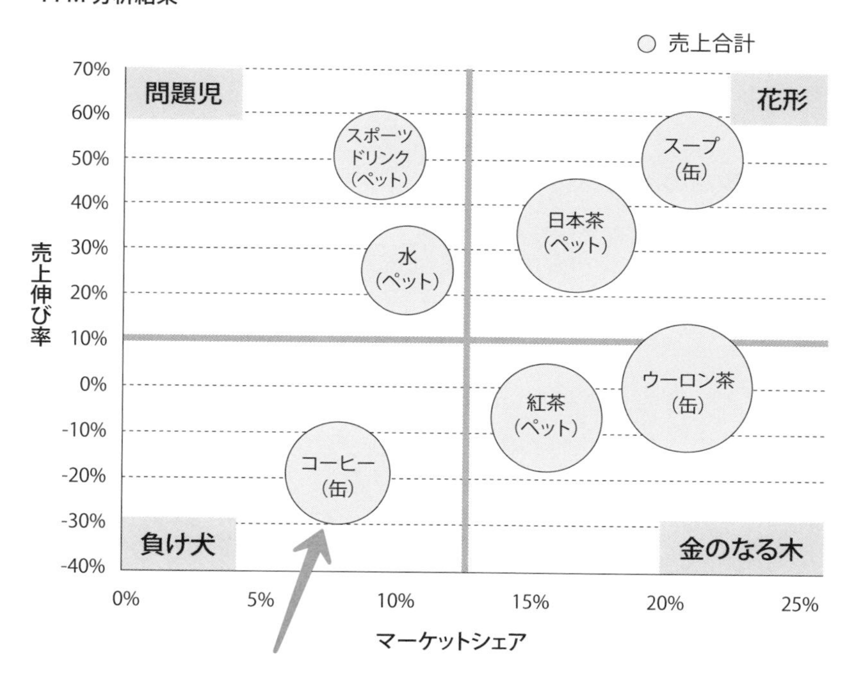

新製品の最適価格

新商品のマーケットシェアを拡大するには、以前よりも低い価格設定が有効な場合があります。

価格変更が販売数量に与える影響の分析に用いられるのが、価格弾力性分析です。缶コーヒー（スタンダード、スイート、ビターの3

種）について、値引き額に対する販売数量データを散布図で表示し、近似直線を引きます。

値引きに対する数量の増加が大きいほど、価格弾力性が大きいことになります。

図2-2では、スタンダードが最も価格弾力性が大きく、価格引下げによる売上の減少も少ないため、今までより安めの価格を設定します。

2-2 新製品の最適価格

「スタンダード」は価格弾力性が高く、値引きを行ったとしても、売上を維持するのに充分な販売数量の増加が見込めることがわかった。この分析結果を踏まえ、「スタンダード」については、新製品の投入に合わせて、価格を５円安く設定することで、マーケットシェアの拡大を目指す。

◆ 販売数量（千個）　■ 売上予測（千円）　— 線形販売数量（千個）

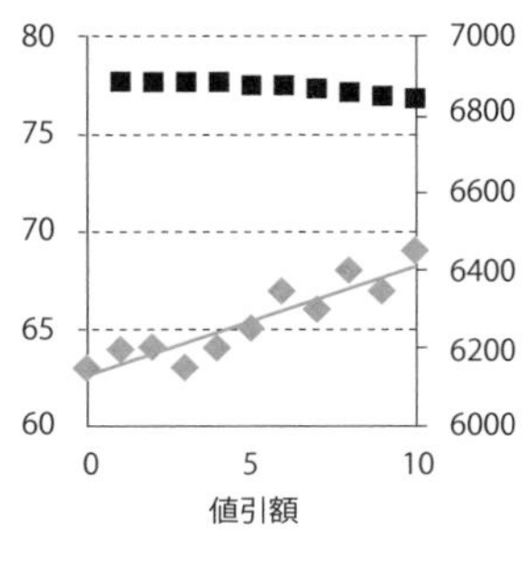

スタンダード

「スタンダード」は、価格弾力性が高く、５円程度の値引きまでは、売上を維持したまま、販売数量を増やすことができる。

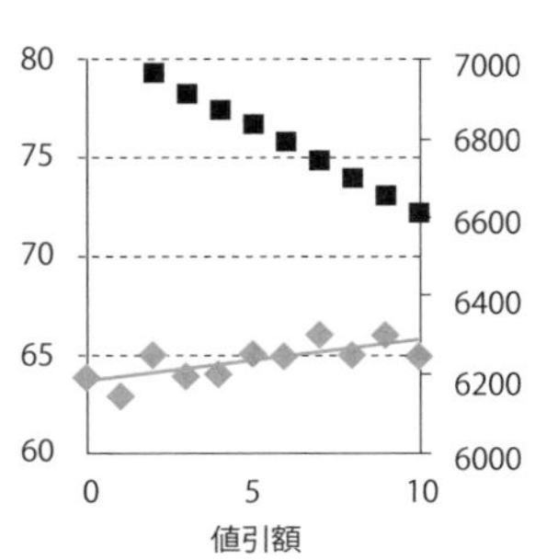

スイート

「スイート」は、価格弾力性が低く、値引きに伴う販売数量の増加が充分ではないため、値引き額に比例して、売上が大幅に減少する。

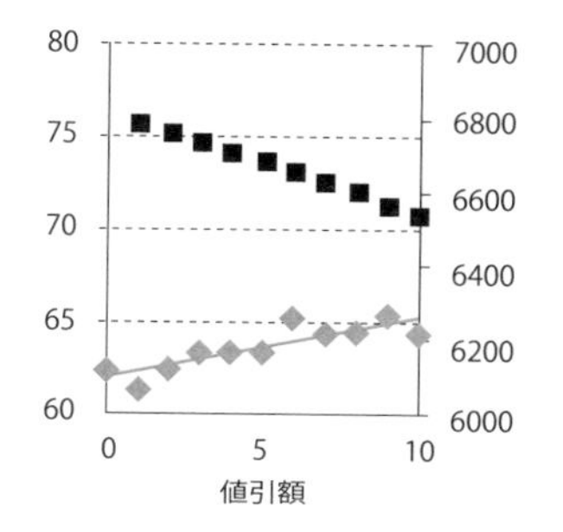

ビター

「ビター」も、価格弾力性が低く、値引きに伴う販売数量の増加が充分ではないため、値引き額に比例して、売上が大幅に減少する。

新製品の初期生産量

新商品の発売にあたっては、販売数量の予測を行い、適切な初期生産量を設定する必要があります。このような販売数量の予測には、回帰分析が用いられます。

缶コーヒー（スタンダード、スイート、ビターの3種）に関する月別の気温と販売実績データから、回帰分析で相関の強さを求めます。相関の強い製品については、回帰式から販売数量の予測を行います。

図2-3では、スイートは寒いほど、ビターは暑いほど販売量が多いという予測と、かつ今年は暖冬になるとの予報から、スイートは少なめ、ビターは多めの初期生産量を設定しています。

2-3 新製品の初期生産量

来年は暖冬傾向が示されているため、1-3 月において「スイート」は販売の減少が、「ビター」は販売の増加が予測されることがわかった。この分析結果を踏まえ、初期生産量を、「スイート」については前年比 5% 減、「ビター」については前年比 5% 増とする。

気温と販売数量の相関関係

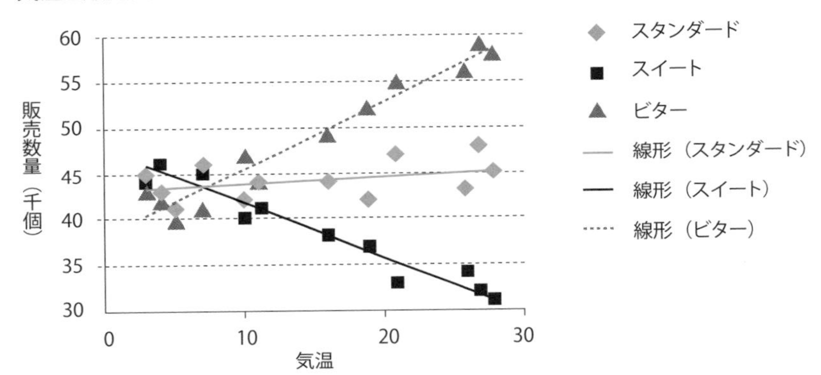

回帰分析の結果によると、気温と販売数量の間には、「スタンダード」では、ほとんど相関関係がないが、「スイート」と「ビター」については、極めて強い相関関係がある。

気温予測に基づく販売数量前年比

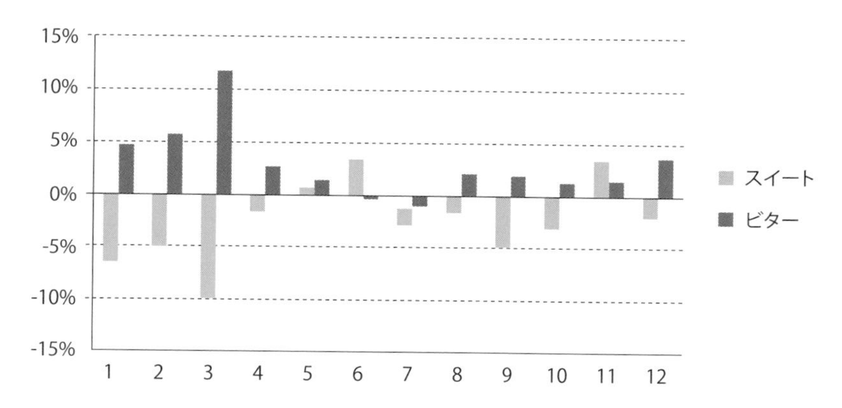

来年は暖冬傾向が示されているため、1 ～ 3 月の販売数量は前年比で、「スイート」について 5 ～ 10% の減少、「ビター」について 5 ～ 10% の増加が予測される。

03 調達・在庫部門のデータ分析

見るべきポイント

調達・在庫部門におけるデータ分析の目的は、 在庫を最適にすることです。

調達・在庫部門におけるデータ分析業務は、第3章で説明した在庫を最適化するためのデータ分析手法がよく用いられます。

小売業においては、店舗の棚割りも業務の対象となるため、第1章で説明した線形計画法もよく用いられます。

例えば、ドラッグストアの日用品の調達担当者が、発注計画書を作成することを想定します。この場合のデータ分析は、以下の手順で行います。

① 在庫回転率分析で在庫過多となっている商品を把握する
② 安全在庫分析で最適な発注点を見つけ出す
③ 線形計画法で棚の商品の組み合わせを検討する

これらのデータ分析の結果を、効果的にまとめることで、説得力のある発注計画書が作成できます。

発注計画書は、以下の3つのパートから構成されます。

- 発注方針を見直す必要がある商品の選定理由
- 発注方針の見直し内容
- 棚に並べる商品の組み合わせ

発注方針を見直す必要がある商品の選定理由

適切な発注計画を策定するために、在庫過多となっている商品を見つけ出し、商品の発注計画を見直す必要があります。

どういった商品の在庫が多すぎるのかを把握するために、在庫回転率を算出します。算出した在庫回転率を使って、発注計画を見直さなければいけない商品を選定します。

図3-1では、在庫回転率による分析の結果、「液体洗剤」などいくつかの製品が在庫回転率が低いと判明したため、これらの製品の発注方法を早急に見直す必要があることを説明しています。

3-1 発注方針を見直す必要がある商品の選定理由

在庫回転率が "3.0" より低い商品は、発注方法を早急に見直す必要がある。

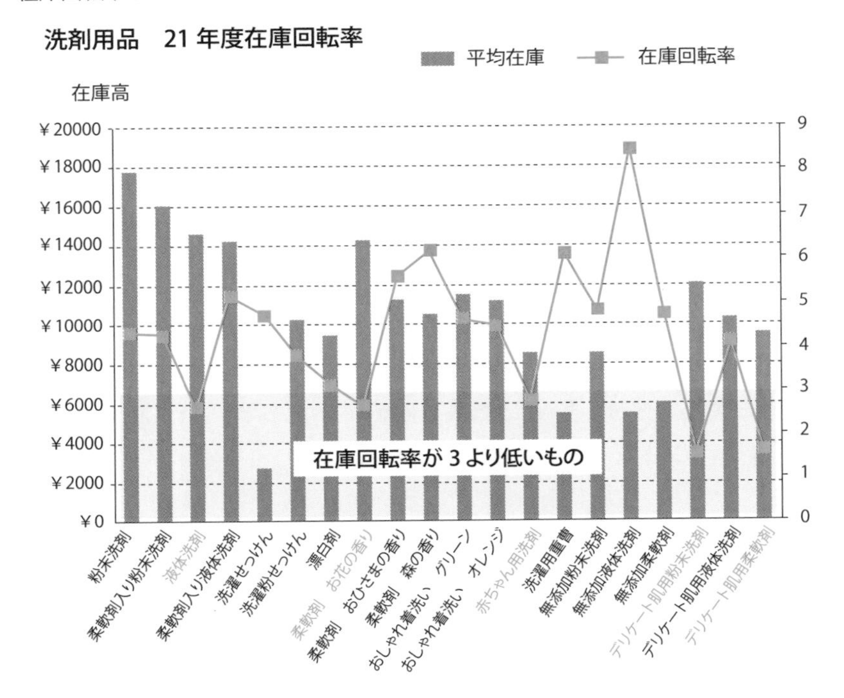

発注方針の見直し内容

次に、過剰な在庫を保持せず、品切れも発生しないような在庫量を保つ方法を提案します。

そのためには、過去の売上実績に基づいて、安全在庫を考慮した発注計画を立てることが大切です。在庫過多となっている商品について、過去の売上実績から適切な発注タイミングを算出し、発注方法を変えていく必要があることを説明します。

図3-2では、安全在庫を考慮して発注タイミングを変更することで、在庫の削減が期待できることを説明しています。

3-2 発注方針の見直し内容

発注方法を見直すことによって、大きな在庫の削減が期待できる。在庫回転率の悪い商品については、すぐに発注方法の見直しを行っていく必要がある。

2021 年度 5 月実績

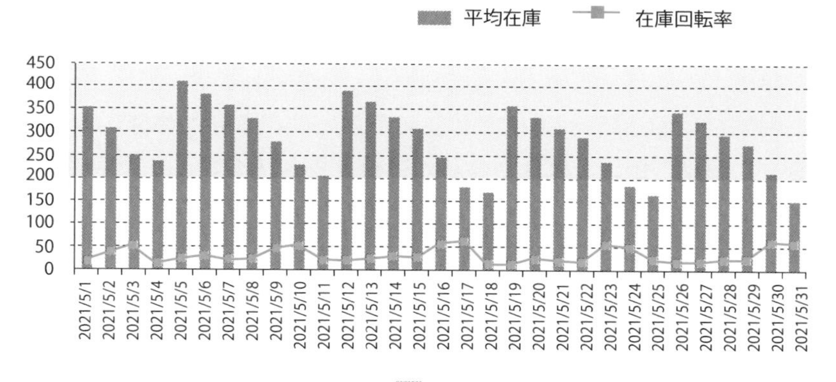

2021 年度 5 月実績ベースのシミュレーション

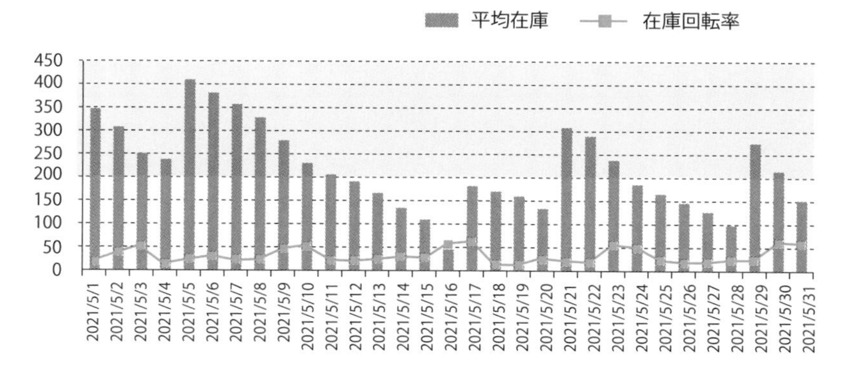

シミュレーション結果では実績と比較すると、
在庫量が 200 を超える日が大きく減少している。

棚に並べる商品の組み合わせ

最後に、発注した商品をどのような組み合わせで販売するかを提案します。店舗の棚や保管する倉庫は、スペースが限られています。より大きな利益を確保するために限られたスペースの活用方法も発注計画の重要なポイントのひとつです。

そこで、線形計画法を使って、売り場の利益を最大にするためにどのように商品を並べるか（棚割方法）を説明します。

図3-3では、線形計画法で利益額が最大になる商品の陳例数を計算した結果、棚の大きさや商品の種類を変えなくても、利益額を増加させることが可能であることを説明しています。

3-3 棚に並べる商品の組み合わせ

商品ごとの利益金額を考慮した棚割りに変更することによって、棚あたりの利益額を増加させることができる。

商品	利益/個	個数/1列	これまでの陳列方法		新しい陳列方法		改善金額
			陳列数	利益額	陳列数	利益額	
粉末洗剤	105	10	6	6300	6	6300	0
柔軟剤入り粉末洗剤	86	10	6	5160	3	2580	-2580
液体洗剤	124	12	6	8928	8	11904	2976
柔軟剤入り液体洗剤	118	12	6	8496	8	11328	2832
洗濯せっけん	62	20	6	7440	8	9920	2480
洗濯粉せっけん	102	10	6	6120	3	3060	-3060
		合計	36	42444	36	45092	2648

これまですべての商品を均等に並べていたが、線形計画法を使って算出した最適値を使うことによって、棚の大きさや並べる商品の種類を変えずに、棚あたりの利益額を増加させることが可能。

コラム2 BSCとは？

KPIを体系的に設定し、活用しようとするマネジメント手法としては、BSC（バランススコアカード）が有名です。

BSC とは、企業における業績管理指標を「財務的視点」「顧客の視点」「業務プロセスの視点」「学習と成長の視点」という4 つの視点から構成し設定することで、短期的利益と長期的発展のバランス、全社目標と部門目標のバランス、あるいは株主・顧客・従業員などの利害関係者間のバランスを維持しながら企業変革を推進しようとするものです。

4 つの視点から抽出された指標で構成されたBSC は、経営全般のバランスを監視する、飛行機におけるコックピットのような役割を果たします。

BSC 導入による大きな効果として、ビジョンや戦略をトップから担当者に至るまで共有でき、組織と個人の目標を一致させることができる点が挙げられます。また、各部門で戦略目標を討議し、全社として体系化したものが戦略マップです。

企業のあらゆるプロセスを数値化して評価する発想や、KPI というキーワードがもてはやされていることは、間違いなくこのBSCというマネジメント手法が起点となっているのではないでしょうか。

[著者略歴]
平井 明夫（ひらい・あきお）
BIコンサルタント
DEC（現、日本HP）、コグノス（現、日本IBM）、日本オラクル、アイエイエフコンサルティングにおいて、一貫してソフトウェア製品の開発、マーケティング、導入コンサルティングを歴任。特にBI（ビジネスインテリジェンス）を得意分野とする。現在はフリーランスとしてコンサルティング、市場調査、講演／執筆などに取り組んでいる。

読者特典QRコード
あなたのお声が著者や編集者に直接届きます
https://form.run/@cmp-9784295407935

改訂版　データ分析できない社員はいらない
2023年2月1日　初版発行

著　者　平井明夫
発行者　小早川幸一郎
発　行　株式会社クロスメディア・パブリッシング
〒151-0051 東京都渋谷区千駄ヶ谷4-20-3 東栄神宮外苑ビル
https://www.cm-publishing.co.jp
◎本の内容に関するお問い合わせ先：TEL（03）5413-3140／FAX（03）5413-3141
発　売　株式会社インプレス
〒101-0051 東京都千代田区神田神保町一丁目105番地
◎乱丁本・落丁本などのお問い合わせ先：FAX（03）6837-5023
service@impress.co.jp
※古書店で購入されたものについてはお取り替えできません
印刷・製本　中央精版印刷株式会社

 ISBN978-4-295-40793-5　C2034